Barbara Krull

111 Orte im Elsass, die man gesehen haben muss

111

emons:

Bibliografische Information der Deutschen Nationalbibliothek
Die Deutsche Nationalbibliothek verzeichnet diese Publikation
in der Deutschen Nationalbibliografie; detaillierte bibliografische Daten sind im Internet über http://dnb.d-nb.de abrufbar.

Layout: Eva Kraskes, nach einem Konzept
von Lübbeke | Naumann | Thoben
Kartografie: altancicek.design, www.altancicek.de
Kartenbasisinformationen aus Openstreetmap,

Druck und Bindung: B.O.S.S Medien GmbH, Goch
Printed in Germany 2015
ISBN 978-3-95451-596-7
Originalausgabe

Vorwort

Wenn Sie Einheimische fragen, wohin sie sich zugehörig fühlen, werden Sie mit ziemlicher Wahrscheinlichkeit hören: zum Elsass natürlich. So haben die Menschen, die über drei Generationen viermal die Nationalität wechseln mussten, ihre ganz eigene Identität gefunden.

Dieser besonderen Kultur begegnet man auf Schritt und Tritt. Ob auf der Suche nach der Erfindung des Gougelhupf, beim Besuch einer Safranfarm oder im Theater in elsässischer Sprache. Manches ist nicht französisch genug, um zu Frankreich zu gehören, und manches nicht deutsch genug, um zu Deutschland zu zählen. Doch auch vornehmlich Fremdes findet man hier: die Freiheitsstatue aus New York, das Manneken-Pis, ein Geschenk aus Belgien, oder den fliegenden Adler von Fernet Branca aus Italien. Hier wird Marmelade für Brad Pitt zubereitet und mancher Wein über fünf Jahrhunderte gelagert.

Die Natur bietet alles, was das Herz begehrt, ob Sie am Drahtseil oder im Gleitschirm schweben oder in luftiger Höhe einen Crémant trinken. Beim Ausblick auf mehrere Belchen-Berge kann schon mal die Orientierung verloren gehen, und bei einer Wanderung inmitten von Felsen scheinen diese lebendig zu werden.

Schiffe fahren Aufzug, Lachse haben hier ihre Kinderstube, Häuser sind oft leuchtend blau, und Bonbons werden noch von Hand gemacht. Wer im Sommer Weihnachten haben möchte, kann sich diesen Wunsch erfüllen. Hier möchten sogar die Störche überwintern. Ein paar wenige Orte liegen elsassnah auf lothringischer Seite.

Die Vogesen halten Wind und Regen ab, bieten Plätze für unzählige Burgen und waren mit ihren großen Verteidigungsanlagen wichtige Kriegsschauplätze. Viele Erinnerungsstätten zeugen von den Schrecken beider Weltkriege, und so ist die Region heute zu einem Symbol der Versöhnung zwischen Deutschland und Frankreich geworden.

Das Elsass in seiner verlockenden Vielfalt erweckt die Liebe zu dieser Region. Eine Liebe, die nicht enden wird. Diese 111 Orte sind daran schuld.

111 Orte

1 Die Abteikirche

Eine Bärin zeigt der Kaiserin den Ort

Die Abtei Andlau wurde 880 von Kaiserin Richardis, der Ehefrau von Karl dem Dicken, auf dem Familiengut für den Orden der Benediktinerinnen gegründet. Die Gemeinde Andlau entwickelte sich später um die Abtei herum, was man heute noch sehr gut erkennen kann. Während des Heiligen Römischen Reiches unterstand die Abtei bei weltlichen Belangen direkt dem Kaiser, wenn es um geistliche Belange ging, dem Papst.

Besucht man das kleine, auf einem Hügel gelegene Winzerdorf Andlau, wird man an mehreren Stellen von einem Bären begrüßt. Mal Weintrauben verspeisend in der Ortsmitte, mal nett grüßend am Kirchenaufgang. Dieser Ort identifiziert sich mit diesem Tier, denn sein Ursprung ist ihm zu verdanken. Die Klosterlegende erzählt, dass die Kaiserin eine Bärin traf, welche ihr totes Junges vergraben wollte. Sie hauchte dem Jungen wieder Leben ein. Aus Dankbarkeit blieb die Bärin bei ihr und zeigte ihr die Stelle, wo die Abtei gegründet werden sollte. Die Erde, wo die Bärin gescharrt hatte, durfte nie verbaut werden, und bis ins 18. Jahrhundert sollen Bären in der Krypta gehalten worden sein.

Die Kaiserin entwarf die Statuten des Klosters selbst und übertrug dem Kloster reichen Grundbesitz. Als ihr Mann sie des Ehebruchs beschuldigte, zog sie sich dorthin zurück und starb dort im Jahr 900. Papst Leo IX. ließ 1049 den Leichnam Richardis' aus der alten Kirche in die neue romanische Kirche umbetten. Er gab ihn zur Anbetung frei, was fast einer Heiligsprechung gleichkam.

In der ersten Hälfte des 10. Jahrhunderts wurde die Abtei vollständig neu gebaut. Der älteste Teil blieb als Krypta bis heute erhalten. So muss man, wenn man diese besuchen möchte, die ausgetretenen Steinstufen nach unten steigen.

Hier trifft man im Halbdunkel auf die romanische Skulptur der Bärin mit ihrer ungewöhnlichen Kopfhaltung und dem zum Zenit ausgerichteten Blick.

Adresse Cours de l'Abbaye, 67140 Andlau, Tel. 0388/082257 | Anfahrt von Colmar Richtung Straßburg auf der E 25, über die A 35, Ausfahrt 13, Zellwiller, Andlau | Öffnungszeiten täglich 9–19 Uhr, außer während der Messen | Tipp Die Burg Hoh-Andlau mit ihren beiden gut erhaltenen Rundtürmen ist immer noch im Besitz der Familie von Andlau. Hier finden Konzerte, Ausstellungen und besondere Illuminationen statt. www.chateaudandlau.com

2 Das Baumhaus

Schlafen in der »Guten Buche«

Michel Culli brach eine größere Reise mit Frau und Kind in Marokko ab und kehrte wieder nach Hause zurück. Hierzu reichte ein Anruf aus dem Heimatort: Ein attraktives Waldstück war zu verkaufen. Gut, dass er gespart hatte für die lange Zeit. Und noch besser, dass er flexibel geblieben ist.

Die Reise ging mitsamt dem Gesparten wieder zurück. Die ganze Reisekasse wurde in das Baumprojekt gesteckt. Ein Paradies entstand.

Im Jahr 2008 begann er mit zwei Blockhäusern, zwei Jahre später wurde das erste Baumhaus eingeweiht. Jetzt gibt es vier Stück, und weitere sind in Planung. Das Geschäft läuft gut, denn wer hatte nicht schon mal den Wunsch, in einem Baumhaus zu schlafen, in einem echten, an den Baum gebaut, stabil, gemütlich und eben ganz hoch oben. Hat man das Domizil erst einmal erreicht, über Leitern oder eine Hängebrücke, ist man erstaunt. Die Ausstattung, fast ausschließlich aus Holz, wird liebevoll ergänzt durch weiche Felle, echte Geweihe und schöne Bilder. Der ehemalige Exportdirektor im Holz- und Isolationsbereich setzt ganz auf Nachhaltigkeit und Ökologie. Er verwendet ausschließlich Naturmaterialien.

Man erkennt den ehemaligen Campingplatz nicht mehr, der gelernte Schreiner, frühere Skilehrer und Bademeister verwirklicht hier seinen eigenen Stil. Wurde für das erste Haus ein Bausatz mit Tannenholz geliefert, so werden jetzt die 70 Jahre alten Douglasienstämme aus dem Nachbarwald verwendet. Wenn das nicht hält.

Eloise und Gaspard – so heißen die Kinder und auch die ersten beiden Blockhäuser. Klar, dass der »Woodpecker«, der Specht, ein Baumhaus ist, auch »Robinson« oder »Die gute Buche«. Auf Strom und Heizung muss nicht verzichtet werden, auch den Wasserkocher mit der Kaffeemaschine gibt es dazu. Und wer gar nicht mehr herunterkommen will, im »Woodpecker« hängt morgens das Frühstück in einem Korb am Seil. Hochziehen erwünscht.

Adresse Michel Culli, 2 Rue du Lutzelbach, 68150 Ribeauvillé, Tel. 0675/067024, www.domaine-hauts-de-ribeauville.fr | **Anfahrt** von Colmar Richtung Kaysersberg auf der D 418, dann D 415, nach Kaysersberg auf der D 415 bleiben, dann D 11.3 Richtung Frèland bis Aubure | **Tipp** Ausgestattet sind die Häuser mit Beauvillé-Stoffen von einer Manufaktur aus Ribeauvillé, welche unter Louis XV. zur königlichen Manufaktur ernannt wurde. Originelle Tischwäsche kann hier unter dem Label »Living Heritage Company« erworben werden. Die Auswahl ist riesig. www.beauville.com

3 Der elsässische Belchen

Im Zentrum des keltischen Sonnenkalenders

Das Dreiländereck ist bekannt. Das Belchendreieck ist es weniger, und kaum jemand kann seine Bedeutung und die geometrischen Zusammenhänge erklären.

Es waren die Kelten, die das erstaunliche System entdeckten und zu ihrem Sonnenkalender machten. Von ihnen stammt der Name Belchen, im Französischen »Ballon«. Den Gott des Lichts nannten sie Belenus. Es gibt gleich fünf Berge mit diesem Namen, die alle in besonderer Verbindung stehen: In den Vogesen der Ballon d'Alsace (1.247 Meter), der Grand Ballon (1.424 Meter) und der Petit Ballon (1.272 Meter); im Schwarzwald der Belchen (1.414 Meter), und auch im Schweizer Jura gibt es einen gleichnamigen Berg (1.099 Meter).

Man begebe sich bei guter Sicht ins Zentrum des Belchensystems auf den Ballon d'Alsace. Von hier aus kann man beobachten, wie die Kelten ihr kalendarisches System entwickelt haben.

Der Blick geht gen Osten, dort befindet sich der 73 Kilometer entfernte Belchen im Schwarzwald. Genau über seiner runden Kuppel geht bei der Tag- und Nachtgleiche die Sonne im Osten auf. Dies geschieht zum astronomischen Frühlings- und auch Herbstanfang. Umgekehrt geht an diesen Tagen vom Schwarzwälder Belchen aus gesehen im Westen die Sonne über dem Ballon d'Alsace unter. Doch damit nicht genug. Von hier aus sieht man zur Sommersonnenwende die Sonne genau über dem 27 Kilometer nordöstlich gelegenen Petit Ballon aufgehen. Zum Zeitpunkt der Wintersonnenwende geht die Sonne genau über dem 88 Kilometer entfernten Schweizer Belchen auf. Noch immer nicht genug der astronomischen Zufälle? Am ersten Mai geht die Sonne über dem Grand Ballon auf. Dieses Datum wurde bei den Kelten zum Jahresanfang bestimmt.

You have got that? Gut. Dann, auf geht's in die Vogesen zum Ballon d'Alsace – und den Freunden den astronomischen Kalender der Kelten erklären. Aber Vorsicht – den weiten, aufklärenden Blick gibt es wirklich nur bei ganz klarem Wetter.

Adresse 68290 Sewen | Anfahrt von Husseren-Wesserling die E 512 Richtung Bussang, hier weiter in Saint-Maurice-sur-Moselle auf die D 465 | Tipp Der hier gelegene Alfeldsee erinnert an die Eiszeit, ist aber ein künstlicher Stausee. Bei seiner Einweihung 1888 galt er als technisches Meisterwerk. Frische Luft und Entspannung sind garantiert, ein Rundweg lädt zum Wandern ein.

4 Das »Musée de la Moto«

Die ersten Scheinwerfer – mit Kerzenlicht

Zu diesen Oldtimern gehören ihre Geschichten. Wenn Raymond Lemoine erzählt, wird man nicht müde zuzuhören. Dieser Mann weiß, wie jedes einzelne Motorrad hergestellt wurde und welche Reise es hinter sich hat. Die Marke »Ravat« wurde 1920 bis 1958 in St. Etienne gefertigt. Mitnichten im Elsass, aber der Sammler lebt hier, und sein Hasenstall war groß genug für seine 90 Motorräder. Seit seinem 20. Lebensjahr sammelte er von jeder Baureihe eines, sodass eine vollständige Sammlung entstand. Ob das »Priester-Motorrad« mit Schutzgehäuse für die Sutane, der selbst gebaute Beiwagen oder der lange Schalthebel von 1924 – die verschiedenen Raffinessen lassen sich hier wunderbar studieren.

Als sich der elsässische, leidenschaftliche Sammler 2006 entschloss, seine Schätze der Gemeinde Bantzenheim zu stiften, gab es nur eine Bedingung: Sie sollten zusammenbleiben. Die Gemeinde restaurierte eine alte, heute denkmalgeschützte Scheune, und auf 750 Quadratmetern trifft man hier nicht nur Motorradclubs von nah und fern.

Der stellvertretende Bürgermeister Roland Onimus ist auch an Feiertagen im Einsatz. Er erzählt gerne von der Entstehung und den gepflegten Kontakten über den Rhein. Viele Deutsche sind schon Mitglied im Verein der Freunde des Museums. Sie veranstalten Gruppenausflüge und sogar eine Messe mit Segnung in der Kirche des Ortes. Die Themen für die jährlich wechselnden Ausstellungen gehen nicht aus.

Eine eigene Werkstatt im Museum enthält Ersatzteile jeder Art, und der Besucher kann selbst hinter dem Lenkrad sitzen und virtuell über die elsässischen Straßen brausen.

Ein Film erzählt die Geschichte des Motorrads, und dabei kommt immer wieder Monsieur Lemoine persönlich zu Wort. »Ja, das Motorrad ist ein Vergnügen«, lacht er verschmitzt in die Kamera. Heute fährt der 86-Jährige eine moderne Maschine. Seine antiken Lieblinge haben ein schönes Zuhause gefunden. Formidable !

Adresse La Grange à Bécanes, 8 Rue du Général de Gaulle, 68490 Bantzenheim, www.lagrangeabecanes.com | Anfahrt von der A 5 Ausfahrt Müllheim Neuenburg, rechts auf die D 378 Richtung Mulhouse, in Chalampé Richtung Bantzenheim D 39; in Bantzenheim Ausschilderung »Musée de la Moto« | Öffnungszeiten vom 1. April-Wochenende bis zum letzten Okt.-Wochenende Di–Sa 14–17 Uhr, So 10–12.30 und 14–17 Uhr | Tipp Im nahen Ottmarsheim kann man täglich den Schiffsverkehr durch die Rhein-Schleuse beobachten.

5 Die Seifenmanufaktur

Eine Torte ohne Kalorien

Beim Betreten des kleinen Ateliers weiß die Nase nicht, was sie zuerst schnuppern soll. Lavendel, Rose, Vanille, Ringelblume, Hagebutte oder Kokos? Mal fruchtig, mal süß und dann wieder recht herb, diese Seifen haben unzählige Duftvariationen zu bieten.

Silke Stöhr-Fleith kam durch eigene Erfahrung zu diesem besonderen Handwerk. Als sie Naturseife und ihre positive Wirkung für sich entdeckte, wollte sie am liebsten selbst solche Seifen anfertigen. Aus ihrem Hobby wurde ein Beruf, und der hat ein stilvolles Zuhause in einem alten Fachwerkhaus in der Nähe von Colmar gefunden.

Stöhr-Fleith arbeitet mit dem traditionellen Kaltrührverfahren. Durch diese schonende Herstellung kann man die wertvollen Inhaltsstoffe der verschiedenen Öle erhalten. Das natürliche Glyzerin, das beim Verseifungsprozess entsteht, wird bewahrt und schützt die Haut vor dem Austrocknen. Mandel- oder Sheabutter sorgen für die wichtige Rückfettung. Auf Konservierungsstoffe oder Tenside wird bewusst verzichtet. Die Farbe entsteht durch Zugabe von farbiger Tonerde oder Kosmetikpigmenten. Dieses Handwerk braucht viel Zeit, die Seifen benötigen vier bis sechs Wochen zum Trocknen, Reifen nennt man das im Fachjargon. Erst dann können sie bearbeitet und verpackt werden.

Handgefertigte Unikate bestechen durch ihre Originalität. Blubbernde Badekugeln, Bademuffins oder die Seifentorte Rose sind vor allem etwas fürs Auge. Im Winter gibt es die warme Sockensalbe, und im Sommer kann man mit einem täuschend echt aussehenden Eisbecher, gefüllt mit Vanille-, Rosen-, Orangen- und Lemonkugeln, das Bad zu einem Dufterlebnis werden lassen. Es gibt Schokopralinen zum Baden, Petit-Four-Seifen und sogar kleine Seifenstücke am Spieß. Hier mischen sich kulinarische Vorbilder mit anspruchsvollem Design.

Das Auge kann sich noch nicht entscheiden, doch die Nase hat längst ihren Lieblingsduft gefunden.

Adresse Silke Stöhr-Fleith, 9 Rue St. Pierre, 68630 Bennwihr, Tel. 0172/8523004, bitte vorher anmelden | Anfahrt von Colmar Richtung Kaysersberg die D 11, D 418 , D 415, in Ingersheim auf die D 10, D 1B Richtung Bennwihr | Tipp Im Wald von Ingersheim gibt es eine alte Kapelle, die ein Pfarrer errichtet hat und in der er auch lebte. Nach Colmar Richtung Schloss Hohlandsburg (Münster), nach der zweiten Kurve auf einen kleinen Waldparkplatz fahren. Immer geradeaus bis ans Waldende laufen. Hier rechts abbiegen, nach circa einem Kilometer kommen die Kapelle und der große Steinaltar mit den kleineren Kapellen.

6 Der Garten für den Frieden

Bunte Welt

Macht es Sinn, ein Apfelbäumchen zu pflanzen?

In dieser Stadt mit einer von vielen Kriegen geprägten Vergangenheit hat man 2003 ein Zeichen gesetzt. Jedes Jahr wird am Fuße der Zitadelle eine neue Gartenlandschaft inszeniert. Geheimnisvoll und ansprechend entstehen im Frühjahr kleine Gartenstücke und Kunstobjekte. Manchmal reibt man sich die Augen, manchmal ist man nur entzückt. Kommt da nicht ein kleiner italienischer Piaggio auf drei Rädern den Hang hinunter, wieso läuft aus einer Gießkanne permanent das Wasser, und warum steht hier ein tibetisches Tempelchen?

Die Gartenanlage »Jardins en Troc« besteht aus zwölf Teilen. Mutige Gärtner und experimentierfreudige Künstler gestalten hier jedes Jahr im Frühjahr neue Kreationen.

Die eher schmucklose Stadt Bitche wirft sich das Sommerkleid über und macht sich schön. Am Rathaus hängen dann Bienenkörbe, die Gassen im Zentrum locken mit einladenden Blumengärten. Wer mit so viel Witz und Lebendigkeit in die Zukunft schaut, kann sich auch der eigenen Vergangenheit stellen.

Seit dem 12. Jahrhundert schon kriegerisch genutzt, wurde unter Sébastien Le Prestre de Vauban, dem Festungsbaumeister Ludwigs XIV., die damalige Garnisonsstadt mit einer beeindruckenden Verteidigungsanlage ausgestattet, jetzt wachsen Blumen an den Hängen. Der Standort in direkter Nachbarschaft zur Zitadelle könnte nicht besser gewählt sein. Bei der Besichtigung der großen Festung werden die Sinne in eine andere Richtung gelenkt. Schnell hat man auf der zwei Hektar großen Fläche seinen Lieblingsgarten gefunden, das Auge ist begeistert, und die Farben erzählen ihre eigenen Geschichten. Nur noch der Blick nach oben erinnert an eine andere Vergangenheit.

Die Anlage gehört zu den »Europäischen Gärten ohne Grenzen«, ein von der Europäischen Union gefördertes Projekt. Eine Landschaft im Wandel der Jahreszeiten wird jedes Jahr wieder neu erfunden.

Adresse Zitadelle von Bitche, Rue Bombelles, 57230 Bitche, Tel. 0387/961882, www.citadelle-bitche.com | **Anfahrt** von Straßburg in Richtung Hagenau auf der A 4 (E 25), Ausfahrt Richtung Hagenau D 1340, dann Richtung Bitche D 1062 und D 662 bis Citadelle in Bitche | **Tipp** Etwa einen Kilometer entfernt befindet sich der lang gestreckte »Etang de Hasselfurth«, ruhig und friedlich, mit mehreren Freizeiteinrichtungen.

7 Das Théâtre du Peuple

Nichts für Abendroben

Die Krawatte bleibt diesmal zu Hause, das Abendkleid bleibt im Schrank. Was dann? Bequeme Kleidung, Wanderschuhe? Seit mehr als 100 Jahren bietet die größte Scheune in den Vogesen ein ganz besonderes Schauspiel. Aus nah und fern kommen Theaterfreunde, um im Sommer das neue Stück zu sehen. Der Gründer Maurice Pottecher hatte eine Idee. 1895 verwirklichte er seinen Traum, ein Theater für das Volk in der freien Natur zu bauen, mitten im Wald, bei einem Steinbruch gelegen. Schon damals konnten 2.000 Zuschauer auf Holzbänken Platz nehmen, seit 1904 kam elektrischer Strom dazu.

Ab 1921 fanden dann die Aufführungen in einem geschlossenen Raum statt. Aber Halt, das gilt nicht für die gesamte Vorführung. Denn was es hier frei Haus gibt – für die letzten 15 Minuten –, ist die Natur als einzigartige Kulisse. Bei jeder Vorführung wird die Bühne am Ende des Stücks nach hinten geöffnet und gibt den Blick frei auf ein ganz besonderes Schauspiel. Der kleine Berghang, die Bäume, die Steine werden zu Hauptdarstellern, die man so schnell nicht vergisst. Die Inszenierung läuft spannungsgeladen auf diesen Höhepunkt zu, und auch der letzte Zuschauer auf den circa 1.000 Plätzen wird in den Bann gezogen.

Das Konzept ist einladend. Die Truppe wird aus professionellen und einheimischen Schauspielern zusammengestellt. Während der Proben und Spielzeiten leben alle zusammen. Im August wird gespielt, aber auch Workshops und Lesungen finden statt. Jedes Jahr wird mit einer anderen Bühne Frankreichs kooperiert.

Doch wer jetzt an belustigende Volksstücke denkt, der irrt. Die neue Leitung unter Vincent Goethals setzt auch auf ernste Stücke. So wurde 2012 in Eigenproduktion »Caillasses«, ein Stück über Grenzen und Mauern, Todesangst und Mord, aufgeführt. Eine Tragödie, die im alten Troja, in Südafrika und in Gaza spielt, mit einem riesigen, unter Denkmalschutz stehenden Holzgebälk als Kulisse.

Adresse 40 Rue du Théâtre du Peuple, 88540 Bussang, www.theatredupeuple.com | **Anfahrt** A 5 und A 36 bis N 66 in Lutterbach folgen, auf A 36 Ausfahrt 16 b nehmen, N 66 bis Rue du Théâtre du Peuple in Bussang folgen | **Tipp** In der Nähe befindet sich die frei zugängige Marie-Quelle. Das eisenhaltige Wasser kann abgefüllt werden.

8 Die Kapelle von Climbach

Viel Geschichte im Biosphärengebiet

In der Nähe des Ortes liegen, umgeben von offenen Weiden und Streuobstwiesen in einer hellen Waldlichtung, die Reste einer alten Kapelle. Sehr idyllisch, umrahmt von vielen lichten Laubbäumen, lädt der Ort zum Verweilen und zu einer erholsamen Pause ein. Ein ganz besonderer Eindruck entsteht durch den vortrefflich erhaltenen Bogen des Mittelschiffs der ehemaligen Kapelle. Zur Krönung hat man nachträglich am obersten Punkt eine Marienstatue angebracht. Wie so oft wurde hier auf einem heidnischen Standort ein christliches Heiligtum errichtet. Vermutlich hatte ein Eremit schon Ende des 12. Jahrhunderts eine Kapelle aus Holz erbaut.

Die zweite Kapelle wurde dann von den hier ansässigen Zisterzienserinnen aus Sandstein erbaut. Wahrscheinlich wurde sie im Dreißigjährigen Krieg zerstört. Die bis heute erhaltenen Steine sollen aus dem 14. Jahrhundert stammen. Die behauenen Steine, die den Altar der Kapelle bildeten, können im Museum Westerkamp in Weißenburg besichtigt werden.

Östlich der Kapelle entspringt eine Quelle, deren Wasser im Mittelalter berühmt für seine Heilkräfte war. Die Austrittsstelle des Wassers wurde in Stein gefasst, und die Kapelle wurde als Wallfahrtsort ausgebaut. Die »Climbronn« war der wesentliche Grund, warum viele Menschen im Mittelalter hierherkamen. Das Wasser sollte besondere Heilkräfte haben. Noch heute kommen die Leute zur Quelle und füllen das klare, mineralhaltige Wasser ab.

Man befindet sich hier in einem Teil des Naturparks Nordvogesen, ein von der UNESCO anerkanntes Biosphärengebiet zur Bewahrung von besonderen architektonischen, religiösen, historischen und kulturellen Sehenswürdigkeiten. Der Jakobsweg, der Pilgerweg nach Santiago de Compostela, soll hier eine Station für die von Norden kommenden Wallfahrer gehabt haben, bevor sie nach Hagenau und Straßburg weitergingen. Die Kirche in Climbach ist dem Jakobus geweiht.

Adresse 67510 Climbach | **Anfahrt** von Straßburg in Richtung Hagenau auf der A 4 (E 25) Ausfahrt Richtung Hagenau D 1340, dann D 27 Richtung Lembach, dann D 3 nach Climbach | **Tipp** Einen Kilometer südlich von Lembach an der D 65 befindet sich das aus acht Bunkern bestehende Artilleriewerk »Four à Chaux« aus dem Ersten Weltkrieg mit eigener Zahnarztpraxis und Raucherzimmer. Ein Schrägaufzug führte nach oben, und ein eigener Brunnen sicherte die Wasserversorgung.

9 Die Moselquelle

Die Geburt eines großen Stromes

Die Bank neben der Quelle ist mit kleinen Schildern bestückt. Liest man die Aufschriften, könnte man meinen, der größte Teil der Besucher stamme aus dem Moselgebiet. Sie möchten gerne einmal den Ursprung dieses großen Flusses sehen und begreifen – des Flusses, der durch drei Länder, Frankreich, Luxemburg, Deutschland, fließt und sowohl die Wirtschaft als auch die Menschen prägt. Die »Moselblümchen«, ein Verein aus Wesseling-Berzdorf, waren hier, und auch die Trierer Wanderfreunde haben die Mosel von der Quelle bis zur Mündung erwandert.

Ein Besuch ganz anderer Art erinnert eher an eine Pilgerreise: »Am 4. August verweilten die Pensionäre der Wasserkraftwerke der Mosel an der Quelle des Flusses, dessen lebendige Kraft die Turbinen ihrer Kraftwerke treibt und ihnen selbst über längere Zeit Arbeit und Brot gegeben hat.« Dies ist vielleicht der Grund, warum noch keine Souvenirläden und Imbissbuden hier ihren Platz gefunden haben. Der Ort hat etwas Magisches und Ehrfurchtgebietendes. Es ist kaum vorstellbar, wie dieses kleine Rinnsal zu einem 550 Kilometer langen Fluss und Schifffahrtsweg wird.

In unmittelbarer Nähe der Quelle, etwa 200 Meter westlich der Passhöhe, verläuft die Grenze zwischen Elsass und Lothringen. Vom Ende des Deutsch-Französischen Krieges 1871 bis zum Versailler Vertrag 1919 befanden sich hier die Zollstationen von Frankreich und dem Deutschen Reich. Sie kontrollierten den damaligen Grenzverlauf. Ursprünglich wurde der Pass von einem Tunnel unterquert, der gegen Ende des Zweiten Weltkriegs von deutschen Soldaten gesprengt wurde, fünf Jahre nach der Besetzung des Elsass durch die Deutschen. Seit 1945 gibt es wieder nur die friedliche Grenze zwischen zwei französischen Departements.

Am südwestlichen äußeren Zipfel des Elsass erblickt die Mosel das Licht der Welt, um ihren langen Weg durch drei europäische Länder zu nehmen.

Adresse Col de Bussang, 68121 Urbès | **Anfahrt** von A 5 und A 36 bis Morschwiller-le-Bas, auf der D 66 über Thann bis Col de Bussang | **Tipp** Für ambitionierte Vogesenradler ist die kleine Stichstraße neben der Passhöhe zum Petit Drumont ein Genuss. Vorher von Bussang aus die alte Straße Richtung »Source de Moselle« nehmen.

10 Der Tempel

Kelten, Römer und Victor Hugo

Nein, er ist weder keltisch noch römisch und auf keinen Fall griechisch. Der Tempel auf dem nördlichsten Vogesengipfel stammt aus der Neuzeit, von 1869. Napoleon III. hat ihn als eine freie Konstruktion ohne historische Vorlage in einem neoklassizistischen Stil erbauen lassen.

Der Wanderweg nach oben ist gesäumt von vielen Resten von Kultanlagen aus der keltischen und römischen Zeit. Auf dem 1009 Meter hohen Berg verehrten schon die Kelten vor mehreren tausend Jahren ihren Gott Teutanes, die Römer huldigten hier Merkur, dem Schutzgott der Händler und Kaufleute. Sie alle haben ihre Spuren hinterlassen. Während der Christianisierung verlor der Ort seine kultische Bedeutung. Irische Mönche trugen in der germanischen Zeit eine Vielzahl der Reste des »heidnischen Kultes« ab. Originalfunde sind heute in Museen in Épinal und in Straßburg zu besichtigen.

Auf dem Gipfel belohnt bei klarem Wetter die wunderbare Aussicht bis in die Berner Alpen den Aufstieg. Kein Wunder, dass an diesem heiligen Ort eine 5000-jährige Götterverehrung bezeugt wird. Der von Napoleon III. als Museum gedachte Tempel nimmt den Bezug zur Geschichte auf. Zwölf eckige Säulen tragen das Giebeldach, von allen Seiten weht der Wind hindurch.

Bei seiner Entstehung fuhren schon längst die Eisenbahnwaggons auf Schienen durch das Bruche-Tal. Ein frühindustrieller Wirtschaftsboom war im Gange und trieb die Verladung des Materials aus den Steinbrüchen und Sägereien der Region voran.

Auf der hohen Plattform gibt es eine Überraschung ganz anderer Art. »En ce lieu le V Florèal An IX fut Conçu Victor Hugo.« In den 1960er Jahren brachte der ehemalige Generaldirektor der Straßburger Museen diese Tafel an. In einem Brief vom 19. November 1821 soll der Vater seinem Sohn gestanden haben: »… auf einem der höchsten Höhepunkte der Vogesen bist Du gezeugt worden … während einer Reise von Lunéville nach Besançon.«

Adresse Col du Donon | **Anfahrt** von Straßburg die A 35/A 352 Richtung Mutzig, dann auf die D 1420 Richtung Schirmeck, hier die D 392 zum Col du Donon | **Tipp** Von Juni bis September bieten Einheimische Führungen durch das Bruche-Tal an. Kostenlos und ohne Voranmeldung. Kennenlernen garantiert. www.bruchetal.de

11 Das Denkmal J. J. Waltz

Die Kunst der Frechheit

Seine Begeisterung für Geschichte und Kultur hat er vielleicht von seinem Vater, der 1881 städtischer Bibliothekar von Colmar und 1891 Kustos des dortigen Unterlindenmuseums war.

Die künstlerische Begabung für die Zeichenkunst sowie das feinsinnige Gespür für eine bissige, subtile Ironie sind dem Illustrator, Maler und Karikaturisten wohl in die Wiege gelegt worden. Dieses Zusammenspiel ließ Jean-Jacques Waltz zu einer der bedeutendsten elsässischen Symbolfiguren werden.

Aus seiner Ablehnung gegen alles Deutsche machte er keinen Hehl, was ihm zu Schulzeiten mehrmalige Bestrafungen und 1914 eine 15-monatige Freiheitsstrafe einbrachte. Nach einer Ausbildung zum Zeichner in Lyon kehrte er 1896 wieder in sein geliebtes Elsass zurück. Im Ersten Weltkrieg kämpfte er als Freiwilliger auf französischer Seite, die Staatsangehörigkeit von Elsass-Lothringen wurde ihm daraufhin 1916 entzogen.

Elsass-Lothringen gehörte vom Ende des Deutsch-Französischen Krieges 1871 bis 1918 als »Reichsland« zum Deutschen Reich. Jean-Jacques Waltz erlebte diese Zeit als deutsche »Belagerung«, was ihn immer wieder zu deutschfeindlichen Äußerungen trieb.

In den idyllischen Dorfszenen seiner Bücher und Postkarten stolpert man über gelungene Anspielungen, welche das elsässisch-deutsche Verhältnis aus seiner Sicht auf den Punkt bringen. Den deutschen Sicherheitsbehörden war er während des Zweiten Weltkriegs ein Dorn im Auge. Er floh nach der deutschen Invasion zunächst nach Agen, um dann in der Schweiz Exil zu finden. Sicher rettete ihm der Umstand das Leben, dass die Gestapo ihn für tot hielt, nachdem sie ihn aufgespürt und brutal zusammengeschlagen hatte.

2001 wurde am 50. Todestag seinem letzten Wohnhaus gegenüber ein Denkmal errichtet. Bei der Betrachtung der Büste meint man im Gesichtsausdruck des von 1873 bis 1951 lebenden Künstlers ein leises ironisches Lächeln zu erkennen.

Adresse Wohnhaus: 9 Boulevard du Champ de Mars, 68000 Colmar, Denkmal steht gegenüber | **Anfahrt** A 5 Ausfahrt Bad Krozingen, B 31 und D 415 über Breisach, Neuf-Brisach und D 415 bis Colmar | **Tipp** Die 1912 illustrierte »Geschichte des Elsass für Kinder von Onkel Hansi« ist in den Buchhandlungen in Colmar auch in deutscher Sprache zu finden.

12 Die Freiheitsstatue

Nach dem Antlitz seiner Mutter?

Es fing damit an, dass der französische Politiker Édouard René Lefebvre de Laboulaye in Paris eine Geschichte der USA herausgab. Die drei Bände hatte der Präsident der französisch-amerikanischen Gesellschaft selbst geschrieben. Jetzt wollte er zur 100-Jahr-Feier der amerikanischen Unabhängigkeitserklärung am 4. Juli 1876 ein Symbol für die Freundschaft zwischen Frankreich und den USA errichten. Am besten vor Ort, auf einer kleinen Insel im Hafen von New York.

Frédéric Auguste Bartholdi, ein in Paris lebender Bildhauer, Zeichner und Fotograf, bekam den reizvollen Auftrag. Seine frühere Idee, in Ägypten einen Leuchtturm in Form einer Frau zu gestalten, durfte hiermit Form annehmen. Zuerst fertigte der Künstler verschiedene Modelle aus Gips und Ton, bis er sich für einen Entwurf entscheiden konnte. Das tragende »Eisenskelett« für die Statue, das 127 Tonnen wiegen sollte, entwickelte der Ingenieur Maurice Koechlin zusammen mit der Firma Alexandre Gustave Eiffel. Es war der Sommer im Jahre 1884, als in Paris die 300 getriebenen Kupferplatten zusammengefügt wurden.

200 Kisten waren nötig, um die dann wieder in Stücke zerlegte, 224 Tonnen schwere Dame an Bord des Dampfers Isère über den großen Teich zu bringen. Schließlich sollte das Geschenk des französischen Volkes unversehrt an seinen Zielort gebracht werden. 1886, zehn Jahre nach dem Jubiläumstag der amerikanischen Unabhängigkeitserklärung, wurde am 28. Oktober die Freiheitsstaue auf Liberty Island eingeweiht.

Auguste Bartholdi soll die Gesichtszüge von »Lady Liberty« nach dem Antlitz seiner Mutter geformt haben. Um den Wahrheitsgehalt herauszufinden, braucht man nicht nach New York zu fliegen. Ein kleiner Ausflug in die Geburtsstadt des Bildhauers genügt. Die verkleinerte, etwa zwölf Meter hohe Statue aus Kunstharz steht seit 2004 am nördlichen Ortseingang von Colmar-Houssen, mitten im Kreisverkehr.

Adresse Musée Bartholdi (Geburtshaus), 30 Rue des Marchands; Freiheitsstatue, Route de Strasbourg (D 83), 68000 Colmar | Anfahrt A 5 Ausfahrt Bad Krozingen, B 31 und D 415 über Breisach, Neuf-Brisach und D 415 bis Colmar | Tipp Das Musée Bartholdi befindet sich im Geburtshaus von Auguste Bartholdi. Eine Fotografie der Mutter und erste Miniaturentwürfe für die einzelnen Etappen der Entstehung der Freiheitsstatue lassen hier einen ganz persönlichen Blick auf den Künstler zu. www.colmar.fr

13 Das kleinste Haus

»Muckekaschtele«

»Boîte à mouche« nennen die Colmarer liebevoll diesen kleinen Anbau auf Französisch.

Eine Fliegenbox soll es sein. Das World Wide Web leitet uns auf die Seiten des Angebots für Anglerbedarf – eine Schachtel zur Aufbewahrung für Fliegen als Fischköder, eben das »Muckekaschtele«, wie der Elsässer sagt.

Viele Fliegen haben darin Platz, und heute lebt ein Künstler in diesem kleinsten Haus von Colmar. Mit 25 Quadratmetern und zwei Stockwerken ist es das winzigste Domizil der Stadt und vielleicht sogar das kleinste von ganz Frankreich. Das rötliche Fachwerkhaus schmiegt sich wie ein Schwalbennest an seine Nachbarhäuser. Die Bauteile sind an die Maßeinheiten angepasst, eben alles ein bisschen kleiner. Ob die Fenster oder Fensterläden, die Holzbalken für das Fachwerk oder der Mini-Schornstein, es wirkt niedlich und gemütlich, als ob gerade eine Zwergenfamilie Einzug gehalten hätte.

Bei der Ortsbegehung kommen Fragen auf: Wie baut man eine Treppe in solch ein Gebäude, um vom Wohnzimmer zur Schlafstätte nach oben zu kommen, und wie sind die sanitären Anlagen gehalten? Erste Fragen zum »boîte à mouche«, bevor man sich Gedanken über den Zweck dieses winzigen Anbaus macht. Die Lösung ist einfach und plausibel: Klein und gut positioniert an der Durchgangsstraße der Händler wurde das Haus im Mittelalter als Aufenthalts- und Arbeitsstätte für den Wachmann gebaut, der hier tagsüber hinter einem kleinen Fenster saß und die vorbeiziehenden Händler kontrollierte. Er zählte sie und beobachtete, ob alles mit rechten Dingen zuging. Die Zölle für den Verkauf von fremden Waren in der Stadt waren so hoch, dass es sich lohnte, hierfür einen hauptberuflichen Wachmann anzustellen. Er musste die Angaben an die Behörden übermitteln, und stimmte die Zahl der beobachteten Händler nicht mit der Zahl der abgegebenen Zölle überein, so wurden die schwarzen Schafe unter den Händlern bestraft.

Adresse Place de l'Ecole, 68000 Colmar | **Anfahrt** A 5, Ausfahrt Bad Krozingen, B 31 und D 415 über Breisach, Neuf-Brisach und D 415 bis Colmar | **Tipp** Die Markthalle in Colmar von 1865 ist von außen und innen einen Besuch wert. Geöffnet ist sie Di, Mi 8–18 Uhr, Do 7–18 Uhr, Fr 8–19 Uhr, Sa 8–17 Uhr.

14 Das »Manneken-Pis«

Was haben Colmar und Brüssel gemeinsam?

Gut, dass die Welt geordnet ist. Paris hat seinen Eiffelturm, Rom sein Kolosseum, London seine Tower Bridge, und in Brüssel steht das »Manneken-Pis«. Doch das ist nicht die ganze Wahrheit, denn es gibt ihn in Colmar ebenfalls, den »kleinen Julien«, wie ihn die Elsässer auch hier liebevoll nennen. Obwohl er nur eine Kopie des Originals aus der belgischen Hauptstadt ist, steht er seinem berühmten großen Bruder in nichts nach.

Es war der vierte Jahrestag der Befreiung der Stadt Colmar von den deutschen Besatzern im Jahr 1922. Ein Vertreter der »Leidensgenossen« aus Belgien wurde eingeladen. Adolf Max, zu dieser Zeit Bürgermeister der Stadt Brüssel, brachte eine kleine Kopie des Brüsseler Originals als ganz besonderes Gastgeschenk mit. Charles Sengel, der von 1922 bis 1929 »maire« von Colmar war, stellte die Figur zur Erinnerung an das geteilte Leid im Ersten Weltkrieg vor dem Stadtbad auf. Heute steht sie pinkelnd an der Seite des Justizgebäudes und verbreitet dort gute Laune.

Auf dem Sockel hinter dem Brunnenbecken befindet sich eine Inschrift. »Belgische Fröhlichkeit« und der »Elsässische Frohsinn« haben den Menschen in den zwei Ländern sehr geholfen, als sie im Ersten Weltkrieg unter den Repressalien der Deutschen gelitten haben. Die deutschen Truppen marschierten schon Anfang August 1914 in Belgien ein und verletzten somit die Neutralität des Landes. Das Elsass hatte als Grenzgebiet besonders stark unter der Kriegssituation im Ersten Weltkrieg zu leiden.

Das Gerichtsgebäude war von 1871 bis 1918 das Oberlandesgericht, das höchste Gericht im Reichsland Elsass-Lothringen, das in dieser Zeit zu Deutschland gehörte. Der bronzene Junge wurde am rechten Seitenrand des Gebäudes in eine Nische in die Wand eingepasst – der Brunnen mit dem kleinen Nackedei ist einen Besuch wert. Will man ihn tätig sehen, dann besser im Sommer, denn dann führt er Wasser.

Adresse Rue des Augustins, Ecke Grand Rue, 68000 Colmar | Anfahrt A 5 Ausfahrt Bad Krozingen, B 31 und D 415 über Breisach, Neuf-Brisach und D 415 bis Colmar | Tipp Am Roesselmann-Brunnen in Colmar von 1888, ein Bauwerk von Auguste Bartholdi, trägt der mittelalterliche Vogt Jean Roesselmann die Gesichtszüge des Bürgermeisters Hercule de Peyerimhoff, der 1877 aufgrund der Weigerung, sich der deutschen Obrigkeit zu unterwerfen, abgesetzt wurde.

15 Das Metzgerschild

Kopf oder Keule

Hier geht es um das Schwein. Im linken Teil des Schildes der Metzgerei der Fincker Frères sitzt der heilige Antonius. Zu seinen Füßen hockt das Schwein. Es ist noch quietschlebendig und gut genährt. Es steht für die Standhaftigkeit des guten Antonius, die dieser bei vielen Verführungsversuchen zeigte. Jean-Jacques Waltz, genannt »Hansi«, beweist hier Humor, indem er den predigenden Antonius mit dem Schwein darstellt. Vielleicht liest er ihm ja auch vor, um ihm die Angst zu nehmen, die Schweine ja bekanntlich vor der Schlachtung verspüren. Der weitere Verlauf der Geschichte wird im rechten Teil des kunstvoll gearbeiteten schmiedeeisernen Schildes gezeigt.

Der Metzger René Fincker war in enger Freundschaft und großer Zuneigung mit »Hansi« verbunden. Sie interessierten sich beide für Kunst und Kultur und liebten das gute Essen. Fast täglich trafen sie sich, um über die Welt zu reden, und der Künstler verbrachte zahlreiche Stunden in den Vogesen in dem kleinen Haus in Labaroche, das der Metzger ausgebaut hatte. Diese aufrichtige Freundschaft führte zu dem sehr originellen Werbeschild. Jean-Jacques Waltz realisierte hiermit das wohl schönste Aushängeschild für den Familienbetrieb. Dieses Meisterstück der Kunstschmiedearbeit präsentiert die Gebrüder Fincker in ihrer Berufskleidung. Die Wahrzeichen der Stadt leuchten im Hintergrund. Die Silhouette der Vogesen taucht hinter dem heiligen Antonius auf, die drei Burgen von Eguisheim sind gut zu erkennen.

Übrigens: Der Antoniterorden hielt für den Lebensunterhalt seiner Ordensbrüder bevorzugt Schweine. Als Gottes Geschöpfe durften sie frei herumlaufen. In dem Zusammenhang entstand der Ausdruck »Frech wie ein Antoniusschwein«, weil sie im Gegensatz zu ihren eingesperrten Artgenossen oft ihre Freiheit ausnutzten. Dann doch lieber mit kreativer Frechheit das Leben genießen, eben gemäß der Lebenseinstellung von »Hansi«.

Adresse 22 Rue des Têtes, 68000 Colmar | **Anfahrt** A 5 Ausfahrt Bad Krozingen, B 31 und D 415 über Breisach, Neuf-Brisach und D 415 bis Colmar | **Tipp** Die drei Burgen von Eguisheim kann man auch live besuchen. Die Wahlenburg, Dagsburg und Burg Weckmund stammen aus dem 11. bis 13. Jahrhundert. Sie liegen dicht beieinander, genauso so wie auf Hansis Darstellung.

16 Der Viadukt

Mal eben nach Paris

Das Elsass bietet mit diesem Viadukt ein großes architektonisches Meisterwerk, welches die nach Westen führende Zugverbindung noch heute erheblich erleichtert. 1860 wurde die Bahnlinie Basel–Paris eröffnet und damit auch die neue Überleitung über das Larguetal. Der »große Viadukt« ist eine auf 43 Rundbögen gebaute Bahnlinie auf freiem Feld, der auf beinahe 500 Metern Länge über den Fluss Largue führt, einen Nebenfluss der Ill im Sundgau. Im Osten von Dannemarie gibt es noch einen kleinen Viadukt, halb so lang wie sein großer Bruder.

Dass sie schon am »… Morgen den Viadukt von Dannemarie gesprengt hatten! Zwanzig Meilen einer reichen Gegend waren ohne jeden Grund in törichter Angst verwüstet …«. So schreibt Émile Zola in »Der Zusammenbruch« vor dem Hintergrund des Deutsch-Französischen Krieges 1870/71. Die erste Sprengung erfolgte durch die Deutschen zehn Jahre nach der Eröffnung. Zerstörung und Wiederaufbau sollten zum Schicksal dieses monumentalen Bauwerkes werden. Nach der Wiederherstellung kam es erneut am Anfang des Ersten Weltkriegs im August 1914 zur Demolierung durch die Franzosen. Auch der zur gleichen Zeit erbaute kleinere Viadukt wurde getroffen. Kurz darauf änderten die Franzosen ihre Pläne, und die Bahngleise konnten im Frühsommer 1915 wieder befahren werden. Doch auch das dauerte nur wenige Tage, und deutsche Soldaten sprengten erneut die bedeutsame Verbindung. Im Zweiten Weltkrieg war die Strecke ebenso wichtig für die Kriegsstrategien der beiden Länder. Zum vierten Mal wurde gesprengt und wieder aufgebaut.

Den Viadukt zu Fuß zu besichtigen ist eindrucksvoll, doch fast noch beeindruckender ist es, den Viadukt im TGV zu passieren. Man hat die Wahl: von Mulhouse mehrmals täglich in weniger als drei Stunden zum Bummeln in die französische Hauptstadt. Bei rechtzeitiger Buchung kann sogar das Fahrrad mitgenommen werden.

Adresse 68210 Dannemarie | **Anfahrt** A 5 und A 36 bis Burnhaupt-le-Bas folgen, auf A 36 Ausfahrt 15 nehmen, dann D 466 und D 103 | **Tipp** Im kleinen Yachthafen von Dannemarie »Relais Nautique« am Canal du Rhône au Rhin trifft man im Sommer Gäste aus aller Welt. Katzenfische gibt es inklusive.

17 La Boutique du Champignon

Steinpilz oder Morchel, Madame?

Einmal im Jahr ist hier der Pilz los. Im Oktober findet in Eguisheim das »Festival du Champignon«, ein großes Pilzfest, statt. Das ganze Städtchen ist übersät mit kleinen Ständen, an denen alles zum Thema gekauft werden kann. Leckere elsässische Pilzgerichte aus der Pfanne, feine Kräuter zum Pilz oder selbst gemachte Pilzkunst. Da wundert es nicht, wenn die Pilze Beine bekommen und plötzlich ein lebendiger Stein- oder Fliegenpilz vor einem steht.

Fast das ganze Jahr ist das Geschäft in der kleinen Straße geöffnet. Hier findet der interessierte Pilzliebhaber alles, was sein Herz begehrt. Pilze pur und in allen Variationen. Vom Pilzpulver über getrocknete Pilze und Pilzgewürze bis hin zu Pilzöl und Pilzterrinen. Pilzbücher sind nützlich, wenn man sich genauer über die Genießbarkeit informieren möchte. Das praktisch gebogene Pilzmesser garantiert die korrekte und umweltverträgliche Ernte. Vogelgezwitscher und Wasserrauschen versetzen den Besucher in die Atmosphäre des Waldes, in dem das Pilzesuchen zu einem besonderen Genuss wird.

Durch die große Ansammlung von Laub-, Misch- und Nadelwald wachsen auf einer Strecke von 200 Kilometern am Fuß der Vogesenkette bis in die Höhenlagen die verschiedensten Pilzsorten. Seitling, Schwämmchen, Rotkappe, Marone, Butterpilz, Mönchskopf oder der violette Röhrenritterling sind hier nur einige Arten der großen Auswahl. Dass man unbekannte Pilze stehen lässt und am besten gar nicht erst berührt, ist äußerst ratsam. Und dass man die Vielfalt der elsässischen Sorten mit Respekt behandelt, ist selbstverständlich für den Pilzsammler. Wer kein Risiko eingehen will, nimmt den Weg zur Boutique du Champignon quer durch das liebliche Städtchen Eguisheim.

Übrigens: Champignon nennt man im Elsass alle Pilzsorten, die zu einem guten Essen zubereitet werden können und die für die elsässische Küche geeignet sind.

Adresse 2b Rue du Rempart Nord, 68420 Eguisheim, www.laboutiqueduchampignon.com | **Anfahrt** A 5 bis Ausfahrt Bad Krozingen, B 31 über Breisach und D 415 über Weckolsheim bis Niederhergheim, auf D 1 bis Eguisheim folgen | **Öffnungszeiten** geöffnet ganztags von April bis Dezember, Sonntagnachmittag von Juli bis Oktober und im Dezember | **Tipp** Angebote für Pilzexkursionen sind für Kundige, aber auch Anfänger ein guter Einstieg. Auskunft geben die jeweiligen Tourist-Informationen. www.elsass-netz.de

18 Die Burganlage

Kastell, Burg und Kirche – und das mittendrin

Im Ortskern des kleinen elsässischen Ortes, welcher zu den schönsten Dörfern Frankreichs, den »Plus beaux villages de France«, gehört, wurde auf eine ehemalige Burganlage eine Kirche gesetzt. Alles begann mit den Römern, die schon Anfang des ersten Jahrtausends hier ihr Kastell errichteten. Im 8. Jahrhundert entstand an dieser Stelle eine Wasserburg. Um sie wurden die Straßen und Häuser in Ringen angeordnet, was heute noch sehr gut zu sehen ist. Die gut erhaltene Stadtmauer gab dem Ort Schutz, und sie kann heute auf einem Rundgang besichtigt werden.

Bruno von Eguisheim-Dagsburg, der spätere Papst Leo IX., soll hier 1002 geboren worden sein. Er gilt als einer der bedeutendsten Päpste des Mittelalters. Die freigelegte Architektur der Burg lässt auf eine Erbauung in der ersten Hälfte des 13. Jahrhunderts schließen, also etwa 200 Jahre nach der Geburt des späteren Papstes. Nach 1889 baute man eine neuromanisch-byzantinische Kapelle an die Stelle, nachdem man große Teile der ehemaligen Burg abgetragen hatte und auch Teile des einzigartigen achteckigen Bergfrieds zerstörte. Als Festungsanlage war dieser mit mehreren Buckelquadern bestückt. Die Kapelle wurde zum Gedenken an Leo IX. erbaut, und sie beherbergt die Reliquien des heiliggesprochenen Papstes.

Die nebenstehende, sehr geräumige Pfarrkirche im sogenannten »Scheunenstil« stammt aus dem Jahre 1809, der romanische Glockenturm der früheren Kirche blieb erhalten. Hier innen befindet sich eine mehrfarbige Holzschnitzerei aus dem 13. Jahrhundert, welche eine »sich öffnende Madonna« darstellt. Sie kann durch zwei Flügeltüren geöffnet werden. Ein ähnliches Werk gibt es im Elsass nur noch in Kaysersberg.

Auf dem kleinen Hügel in der Ortsmitte werden die verschiedenen historischen Zeiten mit ihren unterschiedlichen Baustilen und Nutzungen erlebbar. Das lohnt sich nicht nur für Geschichtsliebhaber.

Adresse Place du Château Saint-Lèon, 68420 Eguisheim | **Anfahrt** A 5 bis Ausfahrt Bad Krozingen, B 31 über Breisach und D 415 über Weckolsheim bis Niederhergheim, auf D 1 bis Eguisheim folgen | **Tipp** In Ungersheim befindet sich das Écomusée de Haute Alsace mit etwa 70 hier wieder aufgebauten Fachwerkhäusern. Tolles Programm! www.ecomusee-alsace.fr/de/

19 Die Kunsthalle Würth

Die Neugier des Mäzens

Wären da nicht die weißen Hinweisschilder, man hätte Mühe, eine der bedeutendsten Unternehmersammlungen der modernen und zeitgenössischen Kunst in Europa zu finden. Erreicht man sein Ziel, wird man von dem Verwaltungsgebäude in Form eines gläsernen Schiffs begrüßt. So präsentiert das deutsche Unternehmen Würth direkt neben seiner Niederlassung im Ersteiner Industriegebiet einen Teil seiner Kunstsammlung.

Die neben dem Unternehmenssitz stehende, von Betonmauern umschlossene Kunsthalle entstammt einer Idee des Architekturbüros Jacques und Clément Vergély in Lyon. Der im Jahr 2008 errichtete und so gegensätzlich zum Unternehmenssitz erscheinende Bau steht für gelebte Unternehmenskultur und ein inspirierendes Miteinander von Kunst und geschäftlichem Alltag. Professor Dr. h. c. mult. Reinhold Würth und die weiteren Mitglieder des Familienunternehmens zeigen hier echtes kulturelles Engagement. Mitten im Museum gibt es einen komplett ausgestatteten Hörsaal mit 220 Sitzplätzen, selbstverständlich behindertengerecht. Ein Lehrraum bietet Platz für 100 Teilnehmer, und der an den stilvollen Landschaftspark angrenzende Cocktailraum sorgt für den stimmungsvollen Ausklang einer Veranstaltung.

Nicht nur externe Besucher, sondern gerade die eigenen Mitarbeiter dürfen das Bildungs- und Vermittlungsangebot nutzen. »Lifelong Learning« steht hier für eine Bereicherung des Arbeitsalltags. Das Konzept, »aktives Kulturerleben fördert Toleranz und Assoziationsvermögen«, scheint aufzugehen. Neue Denkansätze werden an diesem Ort spielerisch provoziert und lösen innovative kreative Ideen auf technischer oder gesellschaftlicher Ebene aus.

Ein Privatmann sammelt seit den 1960er Jahren Kunst mit ganz subjektivem Blick und setzt mit seinen Ausstellungen einen Kontrast zu der ansonsten üblichen Museumspolitik. Ein Beispiel ist die Ausstellung »Art Faces« – Fotografen begegnen Künstlern.

Adresse Musée Würth France Erstein, ZI Ouest, Rue Georges Besse, 67150 Erstein | Anfahrt A 5 bis Ausfahrt Lahr, auf L 100 und D 426 bis Erstein, D 1083 Richtung ZI Ouest, der Beschilderung folgen | Öffnungszeiten Di–Sa 10–17 Uhr, So 10–18 Uhr | Tipp Wer Lust auf Süßes hat, bucht eine Führung in der Zuckerfabrik Erstein. Reservierungen im Office de Tourisme du Grand Ried-Erstein, Tel. 0388/981433, www.grandried.fr.

20 Der Orient-Express

Die Kunst des Reisens

Gare de l'Est in Paris. Es ist der 4. Oktober im Jahr 1883.

Die Leute der Stadt eilen zu dem Bahnhof, der bis 1854 »Embarcadère de Strasbourg« genannt wurde. Alle sind da, um neugierig die modernste Erfindung für den Personentransport zu bestaunen. Der Orient-Express, ausgestattet mit Schlafwagen und Restaurantwagen, wird feierlich eingeweiht. Die Jungfernfahrt führt nach Bukarest. Danach muss nach einem Zugwechsel die Reise mit dem Schiff fortgesetzt werden. Sechs Jahre später wird die durchgehende Zugverbindung über Straßburg, Wien, Budapest nach Konstantinopel eingerichtet, der Orient kann nun direkt auf einer Strecke von 3.094 Kilometern innerhalb von 76 Stunden erreicht werden.

Der belgische Bahnunternehmer Georges Nagelmackers brachte die Idee aus den USA mit und begann, luxuriöse Züge mit viel Komfort und geschmackvoller Eleganz zu bauen.

Der »König der Züge« enthielt allerhöchste technische Standards wie fließendes warmes Wasser, Gasbeleuchtung und sogar eine Zentralheizung. Textiltapeten, Komfortmatratzen, Seidenlaken, Marmorbecken, Kristallgläser und Silberbesteck gehörten zur Ausstattung der 20 Abteile. Sogar ein eigener Bademantel mit Firmensiegel verwöhnte den Reisenden.

Ein besonderes Design im Jugendstil erhielten die Waggons in der Fenstergestaltung durch René Lalique, den bedeutenden Pariser Glaskünstler mit Fabrikzweigstelle im Elsass.

Marlene Dietrich, Leo Tolstoi, Lawrence von Arabien oder die berühmte Spionin Mata Hari, sie alle sind mit dem Orient-Express gereist. 1977 fuhr der letzte Zug von Paris nach Instanbul. Erhalten sind heute noch sieben Waggons, welche alle unter Denkmalschutz stehen. Einer dieser Wagen steht in der Nähe von Straßburg. Ein wenig Charme vergangener Zeit lässt sich bei einem vorzüglichen Essen im »Voiture Restaurant« einfangen. Nur etwas fehlt noch, das sanfte Rütteln während der Reise in den Orient.

Adresse Restaurant les Secrets de l'Orient-Express, Rue du Pont du Péage, 67118 Geispolsheim, Tel. 0388/550490 | **Anfahrt** 10 Minuten südlich vom Straßburger Stadtzentrum, auf der Autobahn A 35 in Richtung Colmar, Ausfahrt 7 Illkirch | **Öffnungszeiten** Di – Fr, So 12 – 14 und Do – Sa 19 – 22 Uhr | **Tipp** Im Eisenbahn-Museum Cité du Train in Mulhouse kommen Freunde der nostalgischen Eisenbahnen voll auf ihre Kosten. www.citedutrain.com

21 Das Schokoladenmuseum

In Längs- und Querrichtung um die eigene Achse

Große, schwere Industriemaschinen, welche zur Massenproduktion von Schokolade und Pralinen eingesetzt wurden, empfangen den Besucher schon vor dem Museum. Unter ihnen eine Kakaomühle von 1950, eine Rüttelmaschine für Osterhasenformen von 1960 und ein Längsreiber von 1926, welcher 72 Stunden ununterbrochenes Rütteln für extra cremige Schokolade garantierte.

Betritt man das moderne Gebäude, hat man die Möglichkeit, einen Einführungsfilm über den Produktionsprozess von Schokolade anzuschauen. Die folgende Ausstellung zum Thema Kakaoanbau und -verarbeitung enthält auch historische Inszenierungen. Selbstverständlich wird auf die Firmengeschichte von »La Marquise de Sévigné« eingegangen, schließlich gehört die Präsentation zur Firma der erlesenen Schokoladenspezialitäten.

Wollte man schon immer mal wissen, wie man eigentlich eine Schokolade so kunstvoll mit Aluminiumpapier und Hochglanzhülle verpackt, so wird man in der Ausstellung auch über die Frühzeiten der Verpackungsindustrie aufgeklärt. Verständliche Informationen gibt es unter anderem über die Funktion der Rüttel-, Dosier- und Rührmaschinen. Auch Designliebhaber kommen hier voll auf ihre Kosten, und Modebegeisterte können über ein Schokoladenkleid staunen. Eine konservierte Kakaofrucht fasziniert und lässt in ihrem natürlichen Zustand noch nichts von Schokolade ahnen. Die überschaubare Ausstellung beeindruckt aber vor allem durch die vielen Exponate aus dem industriellen Bereich.

Am Ende des Rundgangs kann man sich die handwerkliche Vorführung eines Maître Chocolatiers anschauen. Das Befüllen von Schokoladenfiguren wird demonstriert, und einige theoretische Anmerkungen über den Kakao und dessen Verarbeitung werden in französischer und deutscher Sprache geboten. Nach diesem Besuch schmeckt jede Schokolade neu. Das Wunderwerk aus Kakaobohnen bleibt in seiner Entstehung im Kopf und auf der Zunge.

Adresse Rue du Pont du Péage, 67118 Geispolsheim | Anfahrt 10 Minuten südlich vom Straßburger Stadtzentrum, auf der Autobahn A 35 in Richtung Colmar, Ausfahrt 7 Illkirch, den Schildern folgen | Öffnungszeiten Di–Sa 9–18 Uhr, So, Feiertage 14–18 Uhr, 25./26. Dez. und die erste Januar-Woche geschlossen, besondere Öffnungszeiten im Januar Mi–Fr 14–17 Uhr, Sa, So 14–18 Uhr | Tipp Wer sich mehr mit dem süßen Genuss beschäftigen will, kann sich auf der »Elsässischen Schokoladenstraße« auf zahlreichen weiteren Stationen informieren.

22 Die Felsenwohnungen

Höhlenbewohner bis 1958

Diese Behausungen sind nicht auf Sand gebaut, sie sind in den Fels gehauen. Das leuchtende Blau der Außenwände setzt sich besonders gut von den hellroten Sandsteinwänden ab, in die sich die kleinen Häuser schmiegen. Schon im Mittelalter wurde der natürliche Felsüberhang genutzt. Die seit dem 12. Jahrhundert ansässigen Benediktinerinnen lagerten vermutlich ihre Vorräte darin. Dann wurde dieser Platz immer weiter ausgebaut und im 18. Jahrhundert als Wohnplatz eingerichtet. Der schützende Felsvorsprung war so groß, dass die Waldarbeiter und Tagelöhner ihre Schlaf- und Wohnstätten hineinbauten. Frauen und Kinder zogen nach, und zu Beginn des 19. Jahrhunderts wuchs die Bewohnerzahl auf 37 Menschen an. Mehrere Familien wohnten hier zusammen auf engstem Raum. Die Einheimischen nannten sie »Troglodyten«, was aus dem Griechischen kommt und Höhlenbewohner heißt.

Gerne hätte man die letzte Bewohnerin, die »Felsekäth«, noch kennengelernt. Madame Catherine Ottermann starb im Jahr 1958, nachdem sie noch einige Besucher, natürlich gegen einen kleinen Obolus, durch ihre einzigartige Wohnung geführt hatte. Heute sind die zum Museum restaurierten Häuser zur Besichtigung frei, und man kann sich vorstellen, unter welchen Bedingungen die Leute hier gewohnt haben. Blumen stehen auf dem Tisch, die weißen Betten sind gemacht, die Waschschüssel steht bereit. Es gibt einen Holzofen für Brot, ein kleines Gärtchen auf einem Plateau und auch eine Toilette. Die kleine Küche hat nur eine Abflussrinne, in manchen Zimmern gibt es lediglich den nackten Steinboden.

Es ist gut zu erkennen, wie man den Bau in die hohen Felsen angepasst hat. Rückwand, Decke und Boden bot das Felsgebilde, nur die Vorderwand wurde von Menschen gebaut.

Im Winter kalt und feucht, war das Leben nicht einfach in diesem von der Natur geformten Raum. Etwas Erleichterung brachte nur die nach Süden ausgerichtete Lage. Immerhin.

Adresse 67320 Graufthal | **Anfahrt** aus Richtung Straßburg über die A 4 bis Ausfahrt Saverne, weiter über Dossenheim-sur-Zinsel; aus Richtung Landau über Weißenburg, Hagenau, Bouxwiller; aus Richtung Pirmasens über Bitche, Wingen-sur-Moder und La Petite-Pierre | **Öffnungszeiten** 15. März–11. Nov. Mo–Sa 10–12 und 14–18 Uhr, Juli, Aug. Mo–Sa 10–18 Uhr, So, Feiertage 10–18.30 Uhr; ab dem letzten So im Okt. ab 17 Uhr geschlossen, Gruppenführungen nach Voranmeldung möglich unter Tel. 0388/701959 | **Tipp** Am letzten Samstag im September findet in Graufthal das traditionelle Saison-Abschlussfest statt; ein Heimatabend mit historischen Kostümen und Erbsensuppe.

23 Die Dominikaner

Stewardessen als Platzanweiserinnen

Mitten in der Stadt liegt das ehemalige Dominikanerkloster, das 1294 gegründet wurde. Wie fast alle Klöster wurde es in der Französischen Revolution aufgelöst und diente als Pferdestall, Fabriklager oder Militärstation. Jean-Jacques Bourcart, der Chef eines Guebwiller Textilunternehmens, leitete 1838 eine andere Bestimmung für das Klostergebäude ein. Er baute den Chor der Kirche zu einem Konzertsaal aus, in dem sogar Clara Schumann ein Konzert gab. Hier entwickelte sich ein bedeutendes grenzüberschreitendes Zentrum für klassische und moderne Musik. Seit 1991 bieten fünf unterschiedliche Konzertsäle verschiedene Bühnen für die Auftritte prominenter Künstler. Im Sommer wird der ehemalige Klostergarten mit einbezogen.

Im Jahre 1998 hat die Gesellschaft »Les Dominicains de Haute Alsace«, versehen mit dem Label »Scène conventionnée pour la musique«, die Aufgabe übernommen, das Erbe dieses besonderen Ortes zu erhalten. Das Kloster bietet renommierten internationalen Musikern eine Plattform. Als echte Innovation sucht die Gesellschaft ständig nach neuen Formen der Präsentation. So durften die Zuhörer mal zwischen Stühlen, Liegestühlen oder Meditationssitzen wählen, und einmal wiesen als Stewardessen gekleidete Anweiserinnen den Konzertbesuchern ihre Plätze an. Die Musikstile verflechten sich, Klassik vermischt sich mit elektronischer Musik, Jazz mit neapolitanischer Tarantella. Dancefloor Performances oder Fitness Remix Partys zeigen die große Experimentierfreude und Offenheit der Organisatoren.

Tagsüber lädt eine Audioführung zum Rundgang ein. An sieben Stationen sind Künstler zu hören, die hier schon gespielt haben. In der neogotischen Kapelle spielt eine Jukebox, in der Sakristei begegnet man Menschen auf Video, die von ihrer Leidenschaft für Musik erzählen. Die Bar heißt »3D«, und sonntags gibt es Kaffee und Kuchen. Selbstverständlich mit Musik.

Adresse 34 Rue des Dominicains, 68500 Guebwiller Cedex, Tel. 0389/622182, www.les-dominicains.com | **Anfahrt** über A 5 bis Ausfahrt A 36/Mulhouse, Ausfahrt 18, auf D 430 bis Guebwiller; kostenloser Parkplatz am Place de la Gare (vor dem Hotel de l'Ange), von dort in 3 Minuten zu Fuß zum CCR Les Dominicains | **Tipp** Das schöne Renaissance-Rathaus und die spätromanische Kirche aus rotem Sandstein in Guebwiller sind ebenfalls sehr sehenswert.

24__Das Käsehaus

Gegen den wirtschaftlichen Niedergang

Wer die Käseherstellung in den Vogesen von Anfang bis Ende einschließlich Geruch und Verkostung erleben will, ist hier richtig. Auf der Fahrt durch das Münstertal bekommt man einen Eindruck, was diese regenreiche Landschaft ausmacht. Wälder, saftige Wiesen, Grün, wohin man schaut.

2011 wurde diese einmalige Einrichtung aufgebaut. Nach dem Prinzip einer Genossenschaft liefern hier 13 Bergbauern täglich ihre Milch an. Produktion, Verkauf und Information finden unter einem Dach statt. Gut gemacht ist das Käsehaus von der Konzeption bis zur Einrichtung. Am Eingang begrüßen vom Band leise traditionelle Gesänge der Bergbauern. Ein Film zeigt sehr stimmungsvoll die vier Jahreszeiten in der Bergwelt. Nachhaltig bleibt die Eigenart der Vogesen im Vergleich zu Schwarzwald und den Alpen in Erinnerung.

Im Showroom wird dann die Käseherstellung erlebbar. Der Unterschied zu herkömmlichen Präsentationen in einem Museum liegt darin, dass das Käsehaus ein eigener wirtschaftlicher Betrieb ist. Man bekommt Lust auf das Aufspüren der Bergbauern in ihren eigenen Höfen und auf den Besuch einer Ferme Auberge. Leider gibt es nur noch wenige, die selbst Käse herstellen, und der Versuch, dem wirtschaftlichen Niedergang eines typischen bäuerlichen Handwerks etwas entgegenzusetzen, ist hiermit eindrucksvoll gelungen. Besondere Spezialitäten sind Ziegenkäse, Münsterkäse mit Kreuzkümmel und der leckere Edelpilzkäse.

Zwei typisch schwarz-weiß gesprenkelte Vogesenkühe, Hermine und Mathilde, stehen im Stall, es gibt Duftstationen für Kuhstall, Käse und Küche. Und wer seinen Lieben zu Hause eine Postkarte schicken möchte, kann sich im virtuellen Kuhstall ablichten lassen und sein Bild per E-Mail sofort versenden. Wird man so über alle Sinne in dieses alte Handwerk eingeführt, möchte man unbedingt auch etwas von diesem Münsterkäse mitnehmen. Den Geruch dazu gibt es gratis für die Heimfahrt.

Adresse Maison du Fromage, Vallée de Munster, 23 Route de Munster, 68140 Gunsbach, www.maisondufromage-munster.com | Anfahrt A 5 Ausfahrt Bad Krozingen, B 31 und D 415 über Breisach und Colmar bis Wintzenheim folgen, auf D 417 bis Gunsbach | Öffnungszeiten Museum: Feb.–Ostern und Nov.–Dez. 10–18 Uhr, Ostern–Okt. 9–19 Uhr, im Jan. geschlossen; Herstellung und Käseverkostung: 11, 14.30 und 16.30 Uhr | Tipp Die »Route du Fromage« führt oberhalb des Münstertals entlang. Hier kommt man an circa 50 Fermes Auberges vorbei, die leckere Käsegerichte anbieten. www.elsass-geniessen.de

25 Das Schweitzer-Museum

Im Alter noch dort sein können, wo die Jugend war

Jeden Moment kann er zur Tür hereinkommen. Der »Grand Docteur« ist hier überall zu spüren. Den Besucher empfängt das Wohnhaus in dem Zustand, wie Albert Schweitzer es sich damals eingerichtet hat. Aufgewachsen war er im Pfarrhaus des Ortes. Nach seiner Geburt in Kaysersberg zog die Familie mit dem halbjährigen Kind nach Gunzbach. Sein Vater kümmerte sich als protestantischer Pfarrer und Lehrer um die Gemeinde, zu dieser Zeit stand die Gunsbacher Kirche wie viele andere im Elsass für katholische und evangelische Gottesdienste zur Verfügung. 1928 ließ Albert Schweitzer mit dem Preisgeld des Goethepreises, den er im gleichen Jahr in Frankfurt am Main verliehen bekommen hatte, das Haus im Heimatort seiner elsässischen Mutter bauen. In der Dankesrede in Frankfurt bekundet der »Urwalddoktor« seinen Respekt gegenüber dem großen Dichter, dass er »… als armseliges Möndlein heute vor der gewaltigen Sonnenscheibe Goethes vorübergehe«.

Das Haus wurde zu einem Zentrum in seinem unruhigen Leben, in dem er ständig zwischen dem von ihm gegründeten Spital in Lambaréné und seiner Heimat Europa pendelte. Hier im Elsass sprach er den elsässischen Dialekt, kannte die Dorfbewohner und sammelte Kraft, die er für seine Projekte, die unzähligen Orgelkonzerte und Vorträge brauchte. Der Arzt, Musiker, Philosoph und Theologe gilt heute als Universalgelehrter par excellence. Beim Blick aus dem Fenster seines Hauses in die elsässische Wiesenlandschaft wird klar: Dieser Ort hat den Humanisten und Friedensnobelpreisträger besonders geprägt.

Das Haus beherbergt auch das Albert-Schweitzer-Archiv mit mehreren tausend Briefen, Zeitungsausschnitten, Fotos, Film- und Tonaufnahmen, die für Forschungsvorhaben einsehbar sind. Eine Fundgrube für interessierte Wissenschaftler. Sogar das Klavier, auf dem der Musiker im Urwald so gerne Bach spielte, hat den Weg hierher gefunden.

Adresse AISL Albert Schweitzer Museum und Archiv, 8 Route de Munster, 68140 Gunsbach, Tel. 0389/773142, www.schweitzer.org | **Anfahrt** A 5 Ausfahrt Bad Krozingen, B 31 und D 415 über Breisach, Colmar bis Wintzenheim folgen, auf D 417 bis Gunsbach | **Öffnungszeiten** Di–Sa 9–11.30 Uhr und 14–16.30 Uhr, 24.12.–24.1. und an Feiertagen geschlossen | **Tipp** 16 Infotafeln führen auf dem »Albert-Schweitzer-Weg« durch das Dorf. In der Kirche begann Albert Schweitzer mit acht Jahren das Orgelspiel.

26 Das Musée du Bagage

Schrank oder Koffer

Es riecht nach Leder, ein bisschen wie auf einem alten Speicher. Und so sieht es auch aus. Marie und Jean-Phillip Roland haben eine Welt für sich geschaffen. Und diese ist auch ihr Arbeitsplatz. Die Sammlung von 600 Koffern ist nicht nur eine Ausstellung, das Ehepaar restauriert auch alte Stücke in allen Variationen. Hier wird gehämmert, gestrichen, geklebt, geschliffen und gewachst. Dazu gehört eine Menge Leidenschaft für das alte Gepäck – und sie ist spürbar. In erster Linie findet man hier große Schrankkoffer, aber ebenso kleinere Exemplare wie Schuhkoffer oder ein Behältnis für das eigene Teegeschirr. Ob als Baron oder Handwerker, ob mit Kutsche oder mit dem Überseedampfer unterwegs, für das eigene Reisegepäck standen die geeigneten Behälter zur Verfügung. Aus Truhen zur Aufbewahrung wurden bewegliche flache Reisekoffer. Wunderbar praktisch und stapelbar. Benötigte man auf der Reise Tisch und Stuhl, so wurden diese einfach aus der Kiste gezaubert.

2011 kauften die Eheleute Roland eine Halle und weihten im gleichen Jahr ihr Museum ein. Hier findet man Zeitzeugen für die Historie des Gepäcks, und jeder einzelne Koffer kann seine eigene Geschichte erzählen. Sammlung, Konservierung und Restaurierung liegen in einer Hand.

Wer etwas Besonderes für die Wohnungseinrichtung sucht, wird hier fündig. Die renovierten Einzelstücke können mit viel Phantasie zweckentfremdet werden. Ob als besonders origineller Kleiderschrank, zur Aufbewahrung der CD-Sammlung oder der Hightech-Musikanlage, der Phantasie sind keine Grenzen gesetzt. Und das alles noch mit Datum und eigenem Namen, genauso wie es früher gehalten wurde. Die Rolands lassen eine Tradition aufleben, die dieses Handwerk auf besondere Art und Weise würdigt. Die Stadt Hagenau übernimmt zur 900-Jahr-Feier der Stadt das »Musee du Bagage« – eine tolle Inszenierung ist jetzt direkt neben dem Rathaus zu erleben.

Adresse Musée du Bagage: Hall du Grand Manège, 2 Rue des Chevaliers, Werkstatt: 5 Rue Saint-Exupéry, 67500 Hagenau, Tel. 0388/932823, www.la-malle-en-coin.com | **Anfahrt** von der A 25 die D 29 Richtung Hagenau | **Öffnungszeiten** So 14–18 Uhr | **Tipp** In Hagenau in der Kirche Saint-Georges hängen angeblich die ältesten Glocken von Frankreich von 1268.

27 Die Gedenkstätte

Ein Licht in der Krypta

Das große weiße Gipfelkreuz steht auf dem pyramidenförmigen Fels und ist von beiden Seiten des Rheins zu sehen, besonders nachts, wenn es beleuchtet wird. Schon nach dem Ersten Weltkrieg wurde es als Symbol der französisch-deutschen Aussöhnung errichtet. Heute, lange nach dem Zweiten Weltkrieg, setzt ein Komitee die Geschichte fort. Die Gedenkstätte ist der französisch-deutschen Freundschaft gewidmet.

1921 wurde dieser Ort als einer der ersten in ganz Frankreich unter Denkmalschutz gestellt. Auf diesem erbittert umkämpften Symbol der Macht zweier Nationen verloren fast 30.000 französische und deutsche Soldaten ihr Leben.

Der Weg führt mehrere Stufen hinunter ins Herz der Gedenkstätte, die 1932 eingeweiht wurde. 2009 fand die Restaurierung der Krypta statt, an der auch Deutschland und die EU beteiligt waren. So finden sich am Eingang jetzt auch die Namen der deutschen Einheiten, welche zwischen 1914 und 1918 auf dem 956 Meter hohen Vogesengipfel im Süden des Elsass gekämpft haben. In der Krypta wird der Raum in der Mitte von einem großen Bronzeschild dominiert. Mehrere tausend unbekannte französische und deutsche Soldaten fanden hier ihre letzte Ruhe. Ein katholischer, ein evangelischer und ein jüdischer Altar befinden sich an den drei Seiten und laden zur inneren Einkehr ein. So wird dieser Platz lange nach den schrecklichen Kriegsereignissen zum Symbol für die gemeinsame Erinnerungsarbeit zweier ehemals verfeindeter Länder.

In Planung ist das erste französisch-deutsche Dokumentationszentrum des Ersten Weltkrieges »Historial de la Grande Guerre«. Den Grundstein haben der deutsche Bundespräsident Joachim Gauck und der französische Staatspräsident François Hollande gemeinsam gelegt. Damit wurde anlässlich des 100-jährigen Gedenkens an den Beginn des »Großen Krieges« ein Zeichen gesetzt. 2017 soll das Dokumentationszentrum eröffnet werden.

Adresse 68700 Wattwiller | Anfahrt von Mulhouse D 166 Richtung Morschwiller-le-Bas, E 512 Richtung Cernay, D 83, D 431, D 5 über Wattwiller zum Hartmannsweilerkopf; sehr kurvenreiche Straße mit vielen Rad- und Motorradfahrern im Sommer | Öffnungszeiten Di–So 10–17 Uhr | Tipp Wer sich ohne Führung vor Ort informieren möchte: Der neue, 4,5 Kilometer lange Rundweg erklärt auf 45 dreisprachigen Schildern die Stellungskämpfe und die sichtbaren Spuren im Gelände.

28 Die Vogesen-Kuh

Von der EU gefördert

Sie kann weite Strecken zurücklegen, die hohen Temperaturschwankungen in den Bergen machen ihr nichts aus, und auch unwegsames Gelände ist für sie kein Problem.

Die Vogesenrasse ist wie geschaffen für das raue Klima, das auch im Sommer in den Vogesen herrscht. Für diesen Teil des Jahres sind die Tiere auf verschiedenen Almen untergebracht, im Herbst werden sie nach unten getrieben, wo sie den Winter im Stall verbringen dürfen.

Wundern wir uns jetzt noch über den herzhaften Geschmack des Münsterkäses? Kühe, die solche Strapazen aushalten, bringen Milch mit einem ausgewogenen Fett- und Eiweißanteil hervor, perfekt geeignet für die nur in dieser Region hergestellte elsässische Spezialität.

Die Kühe sehen anders aus, als wir es kennen. Die Musterung ist nicht großfleckig, sondern gesprenkelt, so als hätte man einen schwarzen Farbeimer über eine weiße Kuh geschüttet. Der weiße Streifen über der Wirbelsäule gibt ihr ein beinahe elegantes Aussehen, die schwarzen Ohren, Nüstern und Hufe wirken fast drollig. Verstärkt wird dies durch die kleinen schwarzen Sprenkel am Kopf. Sogar das Euter besitzt schwarze Zitzen.

Die Herkunft weist bis ins 17. Jahrhundert zurück. Angeblich sollen im Dreißigjährigen Krieg skandinavische Rinder in die Vogesen gebracht worden sein. Eigentlich ans Flachland gewöhnt, haben sie sich doch gut dem Mittel- und Hochgebirgsklima der Vogesen mit seinen besonderen Bedingungen angepasst. In den 1970er Jahren bemühte sich eine Gruppe engagierter Bauern und Rinderzüchter um die Verbreitung der Rasse über die angestammten Grenzen hinaus, deshalb sind die Kühe auch im Nordelsass und in Lothringen zu finden. Die sehr widerstandsfähigen und fruchtbaren Tiere haben ihren Platz in der Gebirgslandschaft der Vogesen gefunden. Die Zucht der alten Haustierrasse wird vom französischen Staat und sogar von der Europäischen Union gefördert.

Adresse Die Vogesenkammstraße, Route des Crêtes, führt auf 75 Kilometern Länge vom Col du Bonhomme im Norden über den Col de la Schlucht, Hohneck, Markstein, Grand Ballon und Cernay bis Thann im Süden. | Anfahrt Zufahrt zum Beispiel über A 5 Ausfahrt Bad Krozingen, über Neuf-Brisach, Colmar, Munster zum Col de la Schlucht. A 35 und A 36 Richtung Belfort, Ausfahrt 16 b Epinal-Thann-Cernay oder Ausfahrt 15 Belfort-Masevaux; Anfahrt ebenfalls möglich ab RN 66 und RN 83 oder von der elsässischen Weinstraße (RD 5); um schneller ans Ziel zu kommen: im Departement des Haut-Rhin, Ausfahrt 15 Colmar-Guebwiller, und weiter auf der RN 83 | Tipp Auf einer Wanderung entlang der Route de Crête trifft man im Sommer immer wieder auf die Almen der Vogesen-Kühe. www.elsass-netz.de

29 Die Endhaltestelle

Intuition und Logik in enger Verbindung

Muss man der Vorgabe des rechten Winkels folgen? Nein, die Werke von Zaha Hadid laden ein, anders zu denken und Architektur zu genießen. Auch in Hoenheim hat die aus dem Irak stammende Architektin bewiesen, dass eine Haltestelle mehr sein kann als nur eine Haltestelle.

An der Endhaltestation der Nord-Süd-Straßenbahnlinie B Richtung Straßburg macht das Warten fast schon Spaß. Hier gibt es einen großen Parkplatz für 800 Pkw, und auch vom nahe gelegenen Bahnhof kann in die Tram umgestiegen werden. Für die einzigartige Verzahnung des Parkplatzes mit der Station bekam Zaha Hadid im Mai 2003 den Mies-van-der-Rohe-Award verliehen. Ein Jahr später wurde sie als erste Frau mit der bedeutendsten Auszeichnung in der Architektur, dem Pritzker-Architektur-Preis, für ihr Lebenswerk geehrt.

Eine offene Architektur schafft mehr Lebensqualität, dies beweisen ihre Gestaltungen, die fast alle auch soziale Begegnungsplätze sind. Die Verbindung der Linienführung, das Spiel mit dem Licht in der Stahlbetondecke und die dadurch entstehende Dynamik lassen hier eigene Assoziationen entstehen.

Wer schon als Kind sein eigenes Zimmer entwarf und in einem vom Bauhausstil beeinflussten Elternhaus aufwuchs, besitzt eine gute Grundlage für große und kühne Ideen. Es dauerte einige Zeit bis zum Durchbruch der als Vorreiterin des Dekonstruktivismus bezeichneten Künstlerin. Der Inhaber und Geschäftsführer des Vitra-Werkes in Weil am Rhein war 1993 mutig genug, den Auftrag des neuen Werk-Feuerwehrhauses an die optimistische Frau mit ihren unkonventionellen Ideen zu vergeben. Der Durchbruch kam mit diesem spektakulären Debüt, und so erreichen Zaha Hadid heute Großaufträge aus aller Welt. Bis zu 50 Projekte gleichzeitig werden von ihrem Büro in London mit etwa 200 Mitarbeitern gesteuert. Sie hat neue Formen gefunden, und man glaubt ihr, wenn sie in einem ihrer vielen Interviews sagt: »Beton ist sexy.«

Adresse Route de La Wantzenau, Straßenbahn-Endhaltestelle in Hoenheim-Nord, 67800 Hoenheim | Anfahrt Endhaltestelle der Straßenbahnlinie B in Straßburg Richtung Hoenheim; am besten einsteigen und bis zum Ende fahren | Tipp Wer noch mehr künstlerisch gestaltete Tramstationen sehen will, kann in Mulhouse die Tramstationen von Daniel Buren besuchen.

30 Das Storchenzentrum

Ergebnis einer Liebesnacht

Wir finden ihn auf Tassen, Tellern, Schürzen, Mützen und Babylätzchen. Der Weißstorch ist der Lieblingsvogel des Elsass. Und man erzählt sich hier sogar, er sei ein Kind der Liebe, entstanden aus einer heißen Liebesnacht des gallischen Hahns mit dem deutschen Adler.

Vor 30 Jahren galt der Storch durch die systematische Trockenlegung der Flussauen und Wiesen im Elsass fast als ausgestorben. Waren um 1900 noch Tausende Exemplare vorhanden, gab es 1982 gerade einmal zwei Paare. Die Hauptnahrung der Störche, Insekten, Frösche, Mäuse und Fische, war kaum noch zu finden. Die Elsässer machten sich große Sorgen, ist der Storch doch das inoffizielle Wappentier der Region. Da waren gute Ideen gefragt, und ein Notfallplan musste entwickelt werden.

1996 wurde das Zentrum zur Zucht und Auswilderung des Weißstorchs auf einem fünf Hektar großen Gelände in Hunawihr eröffnet. Nach vierjähriger Aufzucht werden die geschlechtsreifen Störche ausgewildert. Obwohl die meisten dem natürlichen Verhalten der Zugvögel folgen, überwintert fast die Hälfte im Elsass. Interessant ist jedoch, dass die nächste Generation der in Freiheit lebenden, bis zu viereinhalb Kilogramm schweren Tiere wieder ihrem Migrationstrieb folgt und Ende des Sommers in den Süden fliegt.

Um die 400 Storchenpaare sind im Frühjahr und Sommer auf den Dächern und Kirchtürmen des Elsass zu finden. Die bis zu 300 Kilogramm schweren Nester thronen majestätisch in luftiger Höhe und verleihen den vielen Fachwerkhäusern ihren außergewöhnlichen Charme. Sie sind heute aus den Ortschaften nicht mehr wegzudenken.

Manche Tiere werden so zahm, dass sie auf Parkplätzen den ankommenden Touristen aus der Hand fressen. Nestbauende, balzende und fütternde Störche lassen sich vielerorts beobachten. Achtung: Beim Überfliegen lassen sie manchmal etwas fallen! Man mag ihn trotzdem, diesen Vogel, das Wahrzeichen des Elsass.

Adresse Centre de Réintroduction, Route des Vins, 68150 Hunawihr, Tel. 0389/737262, www.cigogne-loutre.com | Anfahrt von Colmar aus der A 35 bis Ostheim folgen, auf N 83 Ausfahrt 22 nehmen in Richtung Ribeauvillé / Riquewihr | Öffnungszeiten April – Ende Nov. täglich 10 – 18.30 Uhr | Tipp Das Renaissancehaus in der Grand Rue Nr. 5 wurde von Heinrich Schickardt, dem Architekten von Herzog Friedrich I., gebaut. An der Eingangstür prangt das große Wappen des Herzogtums Württemberg-Montbéliard.

31 Der Parc de Wesserling

Die größte denkmalgeschützte Gartenanlage

Bei einer Vielzahl wunderschöner Gärten fällt die Auswahl schwer. Nehmen wir doch einfach den größten. Er hat das Prädikat »Jardin remarquable«, übersetzt etwa »bedeutender Garten«, das in Frankreich an besondere Gärten vergeben wird. Und er ist denkmalgeschützt – da kann nicht jede Gartenanlage mithalten. Der Parc de Wesserling beherbergte die 1699 gegründete königliche Manufaktur von Wesserling.

Vier unterschiedliche Gärten sind um das Schloss herum angeordnet. Sie heißen Mediterrane Terrassen, Barockgarten, Englischer Landschaftspark und Gemüsegarten. Für jeden ist etwas dabei. Der Liebhaber des Mediterranen findet auf den Terrassen hohe Lebensbäume, Palmen und allerlei Zitrusgewächse. Der Duft wird gratis mitgeliefert und ist in den Sommermonaten absolut betörend.

Im Mittelpunkt des französischen Barockgartens befindet sich ein Wasserbecken. Die Form des Gartens wurde schon früh festgelegt, die moderne Gestaltung wirkt sehr verspielt. Im Küchengarten dürfen sich heute verschiedene Künstler ausprobieren. Die einjährigen Gemüse- und Blumenkulturen werden in verschiedenen Anordnungen gepflanzt. Erkennt man da Ähnlichkeiten zu den Mustern der ehemaligen königlichen Stoffmanufaktur? Salate werden nach Farben sortiert, Stangenbohnen erhalten als Blumenschmuck die farbigen Windenblüten zur Seite. Färberwaid und Rainfarn stellen die Verbindung zu Farbstoffen und Fasern der Königlichen Textilfabrik her.

Der ländliche Raum wird auch in Frankreich gefördert, und so wurde schrittweise aus dem ehemaligen Fabrik- und Villenbereich eine sehr sehenswerte Gartenanlage geschaffen, die gerne von Einheimischen und Gästen genutzt wird. Ein Fest für das Auge und die Sinne.

Die vergänglichen Gärten werden von europäischen Gartenbaukünstlern jedes Jahr neu verwandelt. Ideen holen ist erlaubt, aber wer denkt, dass alles so einfach ist, wird schnell eines Besseren belehrt.

Adresse Parc de Wesserling-Ecomusée Textile, Rue du Parc, 68470 Husseren-Wesserling | **Anfahrt** von Mulhouse A 36, E 512 Richtung Lutterbach über Thann nach Husseren-Wesserling | **Öffnungszeiten** 29. März – 6. Juni und 5. Okt. – 30. Dez. Di – Sa 10 – 12 Uhr und 14 – 18 Uhr, So, Ferientage 10 – 18 Uhr, 7. Juni – 4. Okt. 10 – 18 Uhr, geschlossen Jan. – März, am 1. und 11. Nov. und am 25. – 31. Dez. | **Tipp** Das Textilmuseum Wesserling, in der ehemaligen Holzdruckerei im Park gelegen, zeigt die Textilgeschichte der einstigen königlichen Textilmanufaktur. www.parc-wesserling.fr

32 Der Soldatenfriedhof

Die ersten Opfer des Weltkriegs

Sie lagen Seite an Seite in einer Scheune in Joncherey. Und sie wurden von der französischen Bevölkerung mit großer Hochachtung behandelt. Was hatte sich zugetragen?

Am Morgen des 1. August 1914 ritt Albert Mayer, 22 Jahre alt, Leutnant und Anführer einer Aufklärungspatrouille des fünften Jägerregiments, von der Kaserne in Mühlhausen (Mulhouse) los. An der französischen Grenze, südlich von Altkirch, verbrachte seine Patrouille die Nacht. Am nächsten Tag kam der Befehl, die Grenze zu überqueren. Der Krieg war noch nicht erklärt, es handelte sich um einen Völkerrechtsbruch.

Die Soldaten trafen kurz vor Joncherey auf einen Wachposten mit dem französischen Corporal Jule-André Peugeot als Anführer. Dieser hatte noch am Morgen an seine Eltern geschrieben: »Noch ist nichts Schlimmes passiert. Macht euch keine Sorgen.« Die beiden Soldatentruppen trafen aufeinander, es gab einen Schusswechsel. Peugeot wurde zuerst getroffen. Mayer hatte den Schuss abgegeben und kam mit seinem Pferd noch einige Meter weit, bis auch er getötet wurde und vom Pferd fiel.

Albert Mayer wurde auf dem Friedhof in Joncherey bestattet und 1920 auf den vom französischen Militär neu eingerichteten Soldatenfriedhof in Illfurth überführt. Jules-André Peugeot wurde in seinem Heimatort Étupes beerdigt. Als erstes Opfer des Ersten Weltkriegs wird er mit einem Gedenkstein auf seinem Grab geehrt.

In Frankreich wurde Jules-André Peugeot als Held verehrt, der aus Magdeburg stammende Albert Mayer geriet zuerst in Vergessenheit. 1939 wurde unter der Schirmherrschaft von Heinrich Himmler die Widukind Gedächtnisstätte in Enger bei Bielefeld eröffnet. Drei Handvoll »heilige« Graberde vom Grab des ersten deutschen Gefallenen wurden hier als eine nationalsozialistische Reliquie gezeigt. 100 Jahre nach Mayers Tod hat der Künstler Ruppe Koselleck die Graberde wieder auf dem Grab in Illfurth verstreut. Ein Regentag.

Adresse Deutscher Soldatenfriedhof, 68720 Illfurth | **Anfahrt** A 5 und A 36 (über Mulhouse) bis Ausfahrt 16 a nach Illfurth, beim Rathaus den Schildern »Deutscher Militärfriedhof« folgen | **Tipp** Am Denkmal für Jules-André Peugeot in Joncherey befindet sich seit dem 2. August 2014 nach einer Idee des Konzeptkünstlers Ruppe Koselleck die Erde beider Gräber – vereint in einem Gefäß aus Marmor.

33 Die Spinnerei Gast

Wo früher Webstühle standen

Mancher kennt vielleicht noch die Papierbilderbögen zum Ausschneiden, die man an bezeichneten Stellen exakt zusammenfalten und zusammenkleben konnte, und heraus kamen dann Gebäude in allen Variationen. An diese Modellbauweise erinnert man sich, wenn man vor diesem außergewöhnlichen Bauwerk steht. Wäre da nicht der rote Sandstein aus den Vogesen, die Phantasie würde ins Mittelalter reisen. Nein, wir stehen nicht vor einer imposanten Burganlage, sondern vor der ehemaligen Spinnerei in Issenheim. Einmalig im Elsass, baute der Industrielle Edouard Gast 1851 seine neu gegründete Spinnerei in einem Baustil, welcher damals sehr selten in dieser Region war, im Stil des englischen Neo-Tudor. Seine beiden Onkel, die Gebrüder Zimmermann, erstellten den Entwurf nach dem Vorbild einer englischen Weberei.

Die Einzigartigkeit liegt nicht nur in der besonderen Bauweise, sondern auch darin, dass das Gebäude keine größeren Umbauten erleben musste. Die drei mit Zinnen bestückten scharfkantigen Türme in unterschiedlicher Größe sind in ihrem ursprünglichen Zustand erhalten, ein Turm wurde neu hinzugebaut. Die Fassade besteht aus exakt zurechtgeschnittenen Buntsandsteinen. Die Baumeister haben ein Dekormuster mit vielen rötlichen Farbtönen kreiert.

Und dann die zweite Assoziation: In England baute man im 19. Jahrhundert viele neue Industriegebäude dieser Art. Auch die Eingänge sind treu diesem Stil angepasst. Doch hinter der Fassade wird es besonders interessant. Im Innern befand sich die Spinnerei in einer ebenerdigen, weitflächigen Fabrikhalle. Das Gewölbe wurde von unzähligen gusseisernen Pfeilern getragen.

Heute wird hier gehämmert, geklopft und gestrichen. Das Gebäude wird für neue Nutzungsmöglichkeiten hergerichtet. Ein Restaurant in einem Backsteingewölbe und ein Fitnessstudio in einer lichtdurchfluteten weiß gestrichenen Halle sind schon vorhanden. Das kann spannend werden.

Adresse 9 Rue de Cernay, 68500 Issenheim | Anfahrt Von Mulhouse D 430 nach Issenheim. Die Rue de Cernay ist die Einfahrtsstraße. | Tipp Die ehemalige Klosterkirche beherbergte einst den Isenheimer Altar, der 1515 von Matthias Grünewald für dieses Kloster gefertigt wurde. Er steht heute in Colmar in der Dominikanerkirche.

34 Die Weissbrücke

Maria am Pranger

Der Ort Kaysersberg liegt an der Eingangsstelle der Vogesen in das Weisstal. Es war über Jahrzehnte ein wichtiger Verteidigungsort. Händler, aber auch Räuber nutzten diesen Übergang, um sich im Weisstal umzutun. So wurde die Stadt ein wichtiger Kontrollpunkt. Im 14. Jahrhundert vereinigten sich zehn Dörfer in dieser Gegend militärisch und ökonomisch zu einem »Dekapol«, einer für diese Zeit neuen und visionären Form der Organisation mit einem Sitz in Kaysersberg. Man wollte sich gezielt gegen Überfälle, meist von Banden verarmter Adeliger, schützen.

Umgeben von berühmten Weinbergen, welche beste Weinsorten hervorbringen, und in direkter Nachbarschaft beeindruckender Gebäude aus Gotik und Renaissance steht die Weissbrücke mitten in der Stadt als »Pont fortifié«, als Befestigungsbrücke. Sie gilt heute als die einzige Brücke dieser Art im Elsass.

Bildete der Fluss, die Weiss, in früheren Zeiten eine natürliche Grenze, so war die Stadt bei Trockenheit und niedrigem Wasserstand den Feinden ungeschützt ausgeliefert. Deshalb baute man an dieser Stelle eine Brücke und stattete sie mit mehreren Öffnungen als Schießscharten aus, durch die man dann geschickt kleine Kanonen einsetzen konnte.

Das kleine Häuschen in der Mitte der Brücke diente als Pranger. Wo sich heute eine Statue der heiligen Maria mit dem Jesuskind befindet, standen in früheren Zeiten wirklich lebende Personen. Bürger der Stadt, die eine »Dummheit« begangen hatten, wie etwa nächtliche Ruhestörungen, wurden hier sieben Stunden lang eingesperrt und dem Treiben der Öffentlichkeit ausgesetzt. Vorübergehende konnten sie beschimpfen, beleidigen und sogar bespucken. Heute gibt es im Französischen noch den Ausdruck »il est cloué au pilori«, er ist im Pranger festgesetzt, also der öffentlichen Anklage ausgesetzt. Es handelte sich hierbei eher um moralische Vergehen als um kriminelle Taten.

Adresse 126 Rue du Général de Gaulle, 68240 Kaysersberg | Anfahrt von Colmar D 418 und D 415 bis Kaysersberg | Tipp 1227 erbaute der Enkelsohn von Barbarossa die Burg über der Stadt. Neu war damals der kreisförmige Turm.

35 Die Kabelbahn

Fliegen wie ein Vogel

Wer sich nicht traut, kommt erst gar nicht auf den hohen Turm, auf dem die Reise beginnt. Zuerst wird man mit einem Helm ausgerüstet, dann wird die sackartige »Hängematte« wie eine Schürze umgelegt. Los geht es bäuchlings, und Schwindelfreiheit ist unabdingbar. Bevor man abfliegt, kann man schon ein bisschen üben. Der Blick nach unten, die Arme nach hinten. Es beruhigt, wenn die netten Mitarbeiter fragen: »Na, geht's gut?« Die 1,33 Kilometer vergehen buchstäblich wie im Flug. Knapp über den Baumwipfeln der Fichten und Tannen dauert das Erlebnis etwa eine Minute. Es ist, als ob man die Zweige der Bäume berühren kann.

Im Tal der Vologne, wo die Moselotte fließt, kann man manchmal ein seltsam rauschendes Geräusch hören. Ein cleverer, wagemutiger Mann kam hier auf eine kühne Idee. Ähnlich wie in den Entwürfen Leonardo da Vincis oder Otto Lilienthals hängt man auf dem Bauch in der Luft, hier nur von einem Kabel gehalten. Der Unternehmensgründer kam aus Südamerika zurück und dachte, was sie dort können, das kann ich auch. Gepäck, Waren und vieles andere wird dort mittels »Kabelbahn« über die tiefen, unbegehbaren und sonst kaum zu überwindenden Täler transportiert. Als er sogar eine Ziege in diesem absonderlichen Transportgerät erblickte, reifte sein Plan. Er verfeinerte das Gerät und machte es für den spielerischen Gebrauch sicher. Mit knapp 120 Kilometern in der Stunde – die Höchstgeschwindigkeit einer Taube – fühlt man sich wie ein Vogel.

Sprungerfahrene beschreiben den Flug wie einen Tandemsprung beim Skispringen. Fast ein Seh- und ein Hörschock, der ganze Körper in Bewegung. Gut, dass die Landung am Ende ganz weich ist, eben naturgemäß wie die eines Vogels. Es ist die längste und schnellste Kabelbahn von ganz Frankreich.

Ach ja, und wenn man es etwas langsamer möchte – dafür gibt es Mini-Fallschirme zur Geschwindigkeitsbegrenzung. Gott sei Dank!

Adresse Bol d'Air Évasion, 76 Rue du Hohneck, 88250 La Bresse, Tel. 0329/256262, contact@bol-d-air.fr | **Anfahrt** A 5 bis Ausfahrt A 36 (Mulhouse), auf N 66 über Thann und Kruth nach La Bresse, von La Bresse kommend die D 34 Richtung Hohneck, Col de la Schlucht | **Tipp** Im Winter ist der Eiskünstler Christian Claude in La Bresse zugange. Wer die Kunst erlernen möchte, bucht bei ihm einen Kurs.

36 Das Siegelmuseum

Wie die persönliche Unterschrift

Eine wahre Kuriosität bietet die größte Siegelsammlung Europas im volkskundlichen Siegelmuseum. Charles Hudot, Gründer und Kurator, sammelte Zeugnisse der Geschichte der Region. Es begann damit, dass er als Archivar in Straßburg tätig war und 1969 zufällig auf dem Dachboden eines alten Hauses der Stadt eine komplette Siegelsammlung fand.

Das Thema ließ ihn nicht mehr los, und so gründete er das Siegelmuseum in einer ehemaligen Garnisonskapelle, die Ende des 17. Jahrhunderts in La Petite-Pierre von Sébastien Le Prestre de Vauban errichtet wurde. Der Ort hieß damals noch Lützelstein.

Mit akribischer Genauigkeit begann er, jedes einzelne Siegel zu entschlüsseln, zu deuten und in einen historischen Gesamtzusammenhang zu stellen. Auch auf die Darstellung der künstlerischen Fertigung legte er großen Wert. Heraus kam ein einzigartiges Verzeichnis der Siegelkunde im Allgemeinen und der Region von Elsass und Lothringen im Besonderen. Historische Urkunden und Dokumente wurden im Hinblick auf die Siegelkunde miteinbezogen.

Jedes Siegel hat seine Besonderheit und unterscheidet sich in Größe, Form, Ausdruck und Funktion. Die Symbolik ist vielseitig und in der Deutung nicht immer einfach. Der Siegelexperte erforschte und reproduzierte Tausende von Siegeln. Ein Siegel aus Lützelstein aus dem Jahre 1515, eines der »Dekapole«, der Vereinigung der zehn Städte, oder eines von Maximilian I. aus dem 15. Jahrhundert sind hier zu entdecken. Sogar ein Amtszeichen von den Baumeistern des Straßburger Münsters findet man.

In dem holzgetäfelten, verzierten Innenraum des Museums findet man neben den Siegeln auch Wappenschilder und Banner als »Visitenkarten« von Staaten, Herrschern und Adeligen, aber auch von Privatpersonen. Das Siegel wurde seit dem 16. Jahrhundert durch die Unterschrift per Hand ersetzt. Heute übernimmt der PC immer mehr diese Aufgabe.

Adresse Musée du Sceau Alsacien, 17 Rue du Château, 67290 La Petite-Pierre, Tel. 0388/704865, www.musee-sceau.com | **Anfahrt** von Strasbourg-Nord über Rheinau, dann auf A 35 bis Ausfahrt A 4 Richtung Brumath, D 421 Ausfahrt Brumath über Hochfelden, D 7 über Bouxwiller nach La Petit-Pierre | **Öffnungszeiten** 1. März – 30. Juni und 1. Okt. – 24. Dez. Sa, So, Feiertage 10 – 12 und 14 – 17 Uhr, 1. Juli – 30 Sept. und 25. Dez. – 1. Jan. Di – So 10 – 12 und 14 – 17 Uhr, Jan. und Feb. geschlossen | **Tipp** In den Gärten des Rathauses befindet sich das »Heidenhaus«, ein ehemaliger Wach- und Zollturm aus dem 16. Jahrhundert.

37__Das Schnapsmuseum

Schnaps für Knechte und Babys

Wer schon einmal »herbsten« war, also bei der Weinlese mitgeholfen hat, kennt das vielleicht. Am Vormittag während der ersten Pause schenkt der Winzer einen Schnaps aus. Schon früher gab der Bauer seinen Knechten ein Gläschen des starken Obstbranntweins, um die Motivation zu stärken. Sogar den Schnuller von Kleinkindern tauchte man in Schnaps, damit sie besser schliefen.

Die Bauern in den Hochvogesen brannten ihren eigenen Branntwein, doch nur wenige Brennereien haben sich gehalten. Die Früchte werden in großen Behältern vergoren, damit sich der Fruchtzucker in Alkohol umwandelt. Erst danach kommt die Masse in einen großen Topf, wird erhitzt und in einem dauerhaften Prozess destilliert. Der Dampf steigt an langen Kupferrohren empor und wird nach der Abkühlung wieder flüssig. Der Schnaps ist fertig. Wichtig ist, dass das Brennhaus während des gesamten Vorgangs nicht verlassen wird, denn der Ablauf muss überwacht werden.

Dies erfährt man in dem Museum, das der Schnapsbrenner René Miscault 1986 einrichtete. Destillierapparate, alte Flaschen, Etiketten aus den 1950er Jahren und das »Brenngeschirr« sind hier zu sehen. Für den mobilen Schnapsbrenner gab es die fahrende Brennausrüstung. So konnte er unterwegs sein, den Schnaps verkaufen und gleichzeitig den Brennvorgang überwachen.

In der ehemaligen Poststation aus dem 18. Jahrhundert befindet sich eine Sammlung von über 300 Schnaps- und Likörflaschen, die alle in den 1950er Jahren hergestellt wurden. 5.000 Mini-Flaschen sowie skurrile Objekte zur Geschichte der Herstellung und des Konsums des »eau de vie« lassen die Sammlung zu einer weltweit einzigartigen Attraktion werden. Ein kleines Gläschen Likör, von Monsieur de Miscault selbst gemacht? Aber sicher. Dem vielfältigen Angebot von Enzianschnaps bis Bergamotte-Likör kann nach dem Besuch der Ausstellung kaum einer widerstehen. Aber – Vorsicht mit dem Führerschein!

Adresse Musée des Eaux de Vie, 85 Rue du Général Dufieux, 68650 Lapoutroie, Tel. 0389/475026, www.musee-eaux-de-vie.com | **Anfahrt** von Colmar die D 415 Richtung Kaysersberg, auf D 415 bleiben bis Lapoutroie | **Öffnungszeiten** jeden Tag 9–12 und 14–18 Uhr | **Tipp** Für Weinliebhaber gibt es das Musée du Vignoble et des Vins d'Alsace in Kientzheim.

38 Die Burg Fleckenstein

Hohe Mauern, dunkle Gänge

Die geografische Lage, die Struktur der Landschaft und die geologischen Voraussetzungen waren wohl die Gründe, um hier ein Bauwerk dieses Ausmaßes zu errichten. An der Grenze zu Deutschland gelegen, ist es nicht das einzige dieser Art. Nach Norden hin gibt es eine Vielzahl von Burganlagen und Festungen.

Das Hochplateau auf dem riesigen roten Sandsteinfelsen bietet eine weitreichende Übersicht und einen optimalen Schutz zugleich. Nichts als Wald, so weit das Auge blickt. 338 Meter hoch und 100 Meter lang ist das beeindruckende Felsplateau, auf dem die Staufer, namentlich die Herren von Fleckenstein, im 12. Jahrhundert die Burganlage errichteten. Sie galt als uneinnehmbar und sollte die Kaiserpfalzen von Hagenau und Kaiserslautern überwachen, die wichtige Verbindungsstraße führte daran vorbei. Vom 13. bis zum 15. Jahrhundert zählten die Fleckensteiner auf ihrem Hauptstammsitz zu den mächtigsten Adelsfamilien im nördlichen Elsass. Der weiche Sandstein konnte gut bearbeitet werden, und so wurden die meisten Kammern ohne Abstützung direkt in den Fels gehauen. Ein großes ineinander verwobenes Geflecht aus verschiedenen Räumen entstand über mehrere Ebenen. Viele verwinkelte Gänge und steile Treppen verbinden die Räumlichkeiten in dem emporsteigenden Felsen.

Es gibt ein nachgebautes hölzernes Tretrad, mit dem man früher die Lasten nach oben gezogen hat. Das Zisternensystem zur Wasserversorgung ist noch im Originalzustand. Ein getrennt stehender Wachturm kann über eine innen liegende Wendeltreppe bestiegen werden. Sogar ein 20 Meter langer Geheimgang wurde angelegt.

Nach vier Jahrhunderten wurde die Festung 1680 von französischen Truppen zerstört. Heute zählt sie in ihrem halb restaurierten Zustand zu den am besten erhaltenen Burgen im Elsass. Und gerade der nicht in Vollendung restaurierte Zustand macht den Reiz der Burg Fleckenstein aus.

Adresse Château de Fleckenstein, 67510 Lembach, Tel. 0388/942852 | **Anfahrt** von Straßburg aus über Hagenau auf der D 27 nach Wörth und Lembach, am Fuße der Burg ist ein Parkplatz | **Öffnungszeiten** www.fleckenstein.fr/de/horaires/oeffnungszeiten.html; jahreszeitlich wechselnd | **Tipp** Das Glasmuseum in Meisenthal erinnert an die lokale Glasmacherkunst. Die ehemalige Glashütte war von 1704 bis 1969 in Betrieb. musee.verre@musees-vosges-nord.org

39 Der Wallfahrtsort

Ähren oder Eiszapfen

»Die drei Ähren« ragen neben der 1968 erbauten Kirche als drei grotesk anmutende Betonsäulen in die Luft. Die »Weizenähren« sind schräg aufgestellt, als ob sich die Halme im Wind wiegen. Denn Wind gibt es auf dem 650 Meter hoch liegenden Ort jede Menge. Aus diesem Grund ließen sich viele wohlhabende Industriellenfamilien aus dem Thanntal und von anderen Orten des Elsass kommend hier oben nieder. Die elsässische Sommerfrische war garantiert, ebenso der in die Ferne schweifende phantastische Blick. Das Herz ging auf, und man konnte die Seele baumeln lassen.

Zu den vornehmen Villen aus der Jahrhundertwende gesellen sich befremdliche Apartmenteinheiten aus den 1960er Jahren. Hier mischt sich »Zauberberg« mit Côte d' Azur. In kleinen Hotels kann man die besondere Stimmung des Ortes für einige Tage genießen. 50 Kilometer gekennzeichnete Wanderwege lassen den Besucher hier die wunderbare Natur erleben.

Auf der Suche nach Entspannung und Offenbarung mischen sich Kurgäste mit Wallfahrern. Denn im Jahr 1491 erschien an dieser Stelle die heilige Jungfrau Maria einem Schmied, einem gewissen Thierry Schoeré, mit drei Ähren in der einen und einem Eiszapfen in der anderen Hand. Die Einwohner des Ortes mit dem damaligen Namen Morschwihr sollten ihre Sünden bereuen und als Zeichen ihrer Buße Bittprozessionen für die heilige Jungfrau Maria abhalten. Als Zeichen für die Erhörung der Fürbitten und Gebete würden die Felder reichlich gesegnet sein. Täte die Dorfbevölkerung dies nicht, kämen Frost und Hagelstürme, um die kommenden Ernten zu zerstören.

Es wundert nicht, dass die Menschen schnell handelten. Noch im gleichen Jahr wurde am Erscheinungsort eine Holzkapelle errichtet. Ihr folgte zwei Jahre später ein kleines Steingebäude. Dies wurde 1636 durch einen Brand zerstört und 1804 wieder aufgebaut. Heute steht an dieser Stelle die moderne Kirche, die zur Besinnung einlädt.

Adresse Ortsteil Ammerschwihr, 68410 Trois-Épis | Anfahrt in Colmar auf die D 11 Richtung Turckheim, hinter Turckheim geht es rechts ab nach Trois-Épis | Tipp Auf dem nahen Gipfel des Galz steht seit 1918 eine sieben Meter hohe Christusstatue, die aus einer Höhe von 730 Metern die gesamte Region segnet.

40_Die Schützengräben

Auge in Auge

1871 verlief in den Vogesen die Grenze zwischen Deutschland und Frankreich. Nach dem verlorenen Krieg musste Frankreich auch das Elsass an Deutschland abgeben.

Bei Kriegsausbruch 1914 hofften die Franzosen, ihr Gebiet im Westen Deutschlands wiederzubekommen. Direkt auf dem Vogesenpass standen sich die deutschen Soldaten im Osten und die französischen Soldaten im Westen nur wenige Meter voneinander entfernt gegenüber. Nur 10 bis 15 Meter liegen zwischen den beiden Grenzen, die sehr unterschiedlich befestigt waren.

Während die Deutschen auf dem Bergkamm einen gut ausgebauten Befestigungswall mit einem durchgezogenen gezackten Schützengraben bauten, hielten sich die Franzosen auf der bergabwärts gerichteten Seite eher zurück, weil sie glaubten, schnell in deutsches Gebiet eindringen zu können. Die französischen Bauten sind heute fast nicht mehr zu erkennen. Die 20- bis 25-jährigen ausgebildeten Elitesoldaten hatten gegen die Deutschen eine wesentlich geringere Chance, die mit der verfeinerten Technik der Maschinengewehre, mit neu entwickelten Kriegsski und Stahlhelmen ausgerüstet waren.

Der Aufbau der deutschen Schützengräben als Labyrinth mit vielen Gängen war für die damalige Zeit »innovativ«, so sollte die Opferzahl bei einem Angriff geringer gehalten werden als bei einer geradlinigen Grenze. Hervorstehende spitze Steine sollten zusätzlich Schutz geben.

Es ist der einzige Gebirgskampfplatz von ganz Frankreich. Die Franzosen glaubten, der Krieg dauere kurz, nur bis in das Jahr 1915. Und doch gab es an dieser Stelle 17.000 Tote und Vermisste. Die Bewohner vom damals deutschen Kaysersberg haben hier nie gekämpft. Aus Angst vor Überläufern wurden die meisten an die weit entfernte Ostfront geschickt. Nach 44 Jahren deutschem Elsass wären einige voraussichtlich zu den Franzosen übergewechselt, denn das Herz vieler Elsässer schlug immer noch für Frankreich.

Adresse 68140 Munster, www.linge1915.com | **Anfahrt** von Colmar über die D 417 Richtung Munster, nach Munster rechts auf die D 5 B 1, Route du Linge | **Öffnungszeiten** von Karfreitag bis 11. Nov. 9–12.30 und 14–18 Uhr | **Tipp** Das Museum in Orbey informiert hierzu ausführlich und zeigt viele private Gegenstände der Soldaten.

41 Die »Halle des Klangs«

Einblick in das Herz der Orgel

Schon mal von Windlade, Pfeifenstock und einem Druckwindharmonium gehört? Wo früher die Mönche der Abtei ihre Vorräte lagerten, wird heute Orgelmusik neu erlebbar gemacht. Nicht nur von Musikern und Fachleuten, sondern auch von Kindern und Laien kann dieses Instrument in ganz innovativer Weise erlebt werden. Neun verschiedene Klangelemente von Streichern über Trompeten und Flöten bis zum Harmonium werden zum Klingen gebracht. Hier kann man 70 Meter lange Windkanäle, Klangeffekte und den Blasebalg bestaunen. Das Neueste ist der Touchscreen, mit dem der Besucher seine eigene Melodie erfinden kann. Moderne Elektronik vom Feinsten kommt hier mit altbewährter Mechanik zusammen.

Menschen, die Töne sehen können, die Synästhetiker, finden hier ihre Bestimmung. Im halbdunklen Raum leuchtet zum jeweils erklingenden Ton ein farbiges LED-Lämpchen auf.

Die Ideen für das Projekt wurden vom deutschen Nachbarn aus der Waldkircher Orgelbaumeisterwerkstatt »Jäger und Brommer« umgesetzt. Schon immer sehr experimentierfreudig und umtriebig, stellen die beiden Orgelbaumeister sich mit ihrem hoch engagierten Team gerne neuen Herausforderungen. Es passt, dass gerade sie den Auftrag der Projektleiterin Elisabeth Chowanski für »Organum XXI« bekommen haben. Ihre Ideen sind bestechend: Ein fast quadratischer Raum, die Register sind überall verteilt, und der Spieltisch steht zentral in der Mitte. 768 Pfeifen ertönen ringsum, einzeln oder gleichzeitig, alles ist möglich.

Die »Klang-Kunst-Orgel« ist einmalig auf der Welt. Nicht nur Klassik, auch Jazz oder Rock können hier gespielt werden. Orgelfreunde kommen an diesem Ort nicht vorbei – und bei allen anderen wird das Interesse an diesem Instrument nachhaltig geweckt. Das europäische Orgelzentrum als Forschungs- und Dokumentationszentrum in Marmoutier verwandelt sich ins C.I.P., ins »Centre d'Interpretation du Patrimoine«. Die Eröffnung ist im September 2015.

Adresse Rue du Convent, 67440 Marmoutier | Anfahrt von Straßburg A 351 Richtung Ittenheim, dann auf der D 1004 bis Marmoutier | Öffnungszeiten für Gruppen auf Anfrage | Tipp Die Abteikirche aus dem 13. Jahrhundert ist sehenswert. Hier steht die besterhaltene der zwölf Andreas-Silbermann-Orgeln im Elsass.

42 Das Erdölmuseum

Lange vor Texas schon im Elsass

Zuerst wälzten sich Wildschweine in den stinkenden Erdölpfützen. So wurden sie das plagende Ungeziefer los. Dann kamen die Menschen und hatten auf einmal ein modernes Mittel gegen Zahnschmerzen, Gicht oder eiternde Wunden. Auch bei Asthma und Husten soll es geholfen haben. Es war 1498, als die namensgebende Quelle erstmals urkundlich als Pechquelle erwähnt wurde. Damals holte man den öligen Sand im Tagebau aus der Erde, kochte alles in großen Kesseln auf und gewann das schwarze Pech mittels eines einfachen Destillationsverfahrens.

Zwischen 1735 und 1964 lieferte die Erdölquelle »Bächelbronn« auf dem etwa 1250 Hektar großen Ölfeld 4,5 Milliarden Liter dieses kostbaren Rohstoffs. Wurde zuerst noch mit dem Handbohrer gearbeitet, so erregten die Gebrüder Marcel und Conrad Schlumberger 1927 mit einer elektrisch ausgeführten Bohrlochmessung großes Aufsehen. Ab 1917 wurde in Pechelbronn das Erdöl bergmännisch abgebaut. Hierfür grub man Stollen in einer Gesamtlänge von 424 Kilometern in die Erde, daneben entstanden dann 25.200 Senklöcher mit einer Tiefe von etwa 2,23 Meter. Aus diesen Öffnungen konnte das Erdöl abgepumpt werden. In Europa gab es dies sonst nur noch bei Hannover und in Rumänien.

Das heutige »Institut Français du Petrole« geht auf die 1919 gegründete Petrolschule zurück. Ganze Generationen von Ingenieuren kamen nach Pechelbronn, um in Sachen Erdölförderung und -raffinierung in die Schule zu gehen. 1967, kurz nach der Förderung des letzten Öltropfens, wurde ein Museum eingerichtet. Gründer waren wichtige Persönlichkeiten der Gemeinde, unter ihnen Alfred Michel, ein ehemaliger Ingenieur der Raffinerie. Drei Jahre später schloss die erste Rohölausbeutestelle Europas wieder ihre Löcher, das »schwarze Gold« war weitgehend ausgeschöpft. Das Museum ist geblieben, und so stehen heute die frisch lackierten Ölpumpen als anachronistische Dinosaurier davor.

Adresse 4 Rue de l'École, 67250 Merkviller-Pechelbronn, Tel. 0388/809108, www.musee-du-petrole.com | **Anfahrt** von Hagenau die D 263 Richtung Norden, dann Abfahrt Sourbourg, ab Sourbourg D 250, dann D 114, hier Abzweigung in die Rue de l'École. Das Museum liegt mitten im Ort, direkt an der Kirche. | **Öffnungszeiten** April – Okt. Do, So und Feiertage 14 – 18 Uhr, 14. Juli – 15. Aug. täglich außer Mo | **Tipp** Bei einem geführten Themenrundgang, jeden ersten Samstag im Monat, zur Pechquelle mit einem ehemaligen Mitarbeiter der früheren Ölraffinerie kommt man an den Ursprung der heimischen Erdölindustrie. Angemessene Kleidung erwünscht!

43 Die Senffabrik

Wasabi aus dem Elsass

Die »Hochzeit« fand 2009 mit der Fusion der Senffabrik »Alélor« mit dem Meerrettichhersteller »Raifalsa« statt. Dies war eine gute Idee, denn die Produkte von beiden passen gut zusammen, und so führt das Unternehmen eine glückliche Ehe, zufrieden und erfolgreich. Heraus kamen zwei Superlative: Die 1873 gegründete Firma ist der einzige Familienbetrieb mit selbst produziertem Meerrettich und der einzige, der den traditionellen regionalen Senf im Elsass herstellt.

Von über 100 Senffabriken um 1900 überlebte bis nach dem Zweiten Weltkrieg im Elsass nur noch eine: »Alélor«. Dabei half eine Ausweitung des Angebots auf Konserven mit Sauerkraut, Gewürzgurken und Rote Bete – in der Nachkriegszeit wegen ihrer langen Haltbarkeit begehrte Lebensmittel. Auch heute setzt der Chef auf eine große Produktpalette und eine Anpassung an die verschiedenen Wünsche der Verbraucher. Ob mit hochwertigen regionalen Angeboten unter »Alsace Gourmets Food« oder exklusiven Senf- und Meerrettichsorten für die Feinkostläden unter »Frères Stumpf«, dem Namen der beiden Firmengründer von Alélor.

1.000 Tonnen Senf und 150 Tonnen Meerrettich werden hier jährlich produziert und finden ihren Absatz. Gut, dass die Familie ihre Rezepte aufbewahrt hat. Die ältesten sind bis zu 140 Jahre alt. Von Biersenf über Knoblauchsenf und Mirabellensenf bis zum Lebkuchensenf kann jeder seinen Lieblingsgeschmack finden. Für die Sushi-Liebhaber wird hier sogar Wasabi, der »Cousin« des Meerrettichs, angeboten. Die bis zu 60 Zentimeter lange Meerrettichwurzel wächst ausschließlich in der Umgebung und wird von Hand geschält. Kein Wunder, dass das Unternehmen 2006 mit dem Qualitätszertifikat »Marianne des Saveurs« ausgezeichnet wurde.

Die Krönung des Zusammenschlusses beider Firmen ist in diesem Produkt zu finden: süßer Meerrettich-Senf mit 13 Prozent der weißen Wurzel aus der Region. Probieren geht hier eindeutig über Studieren.

Adresse Raifalsa-Alélor (SAS), 4 Rue de la Gare, 67580 Mietesheim, Tel. 0388/903185, www.raifalsa.fr | **Anfahrt** von Hagenau D 1062 Richtung Mertzwiller, nach Mertzwiller Ausfahrt Mietesheim | **Öffnungszeiten** werktags 8–12 und 13–17 Uhr | **Tipp** In Niederbronn-les-Bains kann man die Heilkraft zweier Quellen aus dem 16. Jahrhundert erleben. Die »Source Romaine« und die »Source Celtique« lassen die Stadt zum bedeutendsten Heilbad im Elsass werden.

44__Die Bugatti-Tour

»Nichts ist zu schön, nichts ist zu teuer«

Man kann es kaum glauben, dass der große Ettore Bugatti gerade hier 1909 sein eigenes Automobil-Werk gründete. Umso mehr ist man über den informativen Themenweg erstaunt, der an der Durchgangsstraße von Molsheim nach Obernai zu finden ist.

Zehn Stationen erzählen die Geschichte der Entwicklung des Bugatti-Werks. Es gibt eine Informationstafel in der Nähe der Villa, die die Familie bewohnte, und auch an der Familiengrabstätte auf dem Friedhof in Dorlisheim. So erfährt man zum Beispiel, dass der Western-Begeisterte sich ein eigenes Kino im Kellergeschoss seines Hauses einrichtete. Auf weiteren Tafeln werden das ehemalige Herrenhaus, in dem Ettore Bugatti seine Kunden und Freunde unterbrachte, das Bugatti-Drehgestell als Symbol für die geniale technische Begabung des Designers und das Schloss Saint Jean als Empfangshaus für besondere Geschäftskunden beschrieben. Von der Hardtmühle, dem Ursprung des Werks, geht man bis zum »Bugatti Automobiles SAS«, wo bis 2015 der berühmte Veyron, der mit 400 Kilometer in der Stunde schnellste Sportwagen der Welt, gebaut wurde. In Dubai ist er als Polizeiauto unterwegs. Etwas außerhalb in Duppigheim steht ein Gedenkstein für Bugattis jüngsten Sohn Jean, welcher dort bei einer Testfahrt im August 1939 tragisch ums Leben kam.

Der aus Mailand stammende Automobilkonstrukteur fertigte über 7.800 Automobile der Marke Bugatti und errang zwischen 1924 und 1939 bei den großen Grand-Prix-Rennen über 1.000 Siege. Heute gehören dem Volkswagenkonzern die Markenrechte, und dieser bleibt dem exklusiven Automobilbauer treu. Molsheim steht immer noch für das teuerste und schnellste Serienfahrzeug aller Zeiten, den Veyron. Für 2,3 Millionen Euro war er zu haben. Natürlich mit Extras.

Übrigens: Der tanzende Elefant, die berühmte Kühlerfigur, wurde von seinem Bruder, einem Tierbildhauer, genannt Rembrandt, geschaffen.

Adresse Office de tourisme région de Molsheim&Mutzig. Hier gibt es den Plan für die Tour. 19 Place de l'Hôtel de Ville, 67120 Molsheim, Tel. 0388/381161, www.ot-molsheim-mutzig.com. | Anfahrt von Colmar D 201, D 83, A 35, Ausfahrt 11.1 auf D 500 Schirmeck/Molsheim/Rosheim, Tourist-Info im Zentrum | Tipp Jedes Jahr am 15. September, dem Geburtstag Ettore Bugattis, veranstaltet der Ort Molsheim ein Bugatti-Festival. An diesem Tag kommt eine Vielzahl von Bugattis aus aller Welt wieder an ihren »Geburtsort« zurück.

45__Der Hügel

Klein, aber oho

Der kleine Berg von 437 Metern Höhe hat einiges zu bieten, ist aber nicht zu verwechseln mit dem Namensvetter in der Normandie. Die Besiedelung begann schon zu keltischer Zeit. Von der Siedlung, die heute Heidenstatt genannt wird, sind noch Überreste erhalten.

Die Römer hinterließen einen Grenzstein, der öffentliches Gelände von privatem Besitz trennte. Eine Besonderheit in dieser Gegend sind die Reste eines befahrbaren römischen Plattenweges. Auf 64 Metern Länge kann man noch deutlich die Spurrillen der Wagen, die einst darauf fuhren, erkennen. In Anbetracht einer Steigung von 30 Prozent mussten die Wagen damals schon mit einer ausgefeilten Bremstechnik ausgestattet gewesen sein.

Im Jahre 1593 gründete der Abt des Klosters Sankt Johann bei Zabern, Johann Schreyer, eine auf den Ort bezogene Michaels-Bruderschaft. Die ursprüngliche Eremitenkapelle wurde von ihm zum Wallfahrtsort ausgebaut, und der Berg bekam den Namen Michaelsberg. Seit 1990 gibt es hier einen archäologischen Wanderpfad. Das gesamte Gelände rund um den Berg wurde geologisch und archäologisch dokumentiert. Auf 8,5 Kilometern Länge wird eine kleine Zeitreise mit sieben Stationen geboten. Römer, Kelten und Christen geben sich hier die Hand.

Neben den Formationen aus Buntsandstein führt der Weg an verschiedenen Felsplatten und Aussichtspunkten vorbei. In etwa viereinhalb Stunden kann man von den Spuren der mittleren Steinzeit bis zu christlichen Zeugnissen gelangen. Im Nordwesten des Frauenwaldes befinden sich die Stampflöcher. In mehr als 30 Löchern sollen die Bauern im Mittelalter das Getreide gestampft haben. Andere Felsschalen dienten den Kelten wohl viel früher schon als Opferstätte. Es gibt Grotten, Steinbassins, Löcher und Rinnen. Der größte Schalenstein, das »Hexenloch« vor der St.-Michaels-Kapelle, misst einen Durchmesser von 4,7 Metern. Viel zu entdecken also!

Adresse Mont Saint-Michel, 67700 Saint-Jean-Saverne | **Anfahrt** von Straßburg aus die A 4 bis Abfahrt Saint-Jean-Saverne auf die D 619 | **Tipp** Die Ruinen der Burg Warthenberg mit dem romanischen Bogen aus dem 12. Jahrhundert wurden erst 1979 auf dem Daubenschlagfelsen einen Kilometer westlich oberhalb von Ernolsheim-lès-Saverne entdeckt. Ein archäologischer Lehrpfad ergänzt den Besuch.

46 Le Schallern Gaschney

Mit Blick in drei Länder

Hier ist der Ort, den man schon immer gesucht hat.

Bei der Ankunft nach dem etwa halbstündigen Fußweg ist man sich sicher: Wir sind am Ziel. Hier stimmt einfach alles. Die Luft ist klar, die Ruhe ist nicht zu toppen, Ziegen, Gänse und Hühner sind das Einzige, was man zu hören bekommt. Wer hier als Übernachtungsgast ankommt, darf tief einatmen und sich wie Gott in Frankreich fühlen. Mehr braucht es nicht. Steuererklärung und lärmende Autos bleiben unten im Tal. Bei gutem Wetter zeigen sich der Schwarzwald und die Schweizer Alpen deutlich in weiter Ferne. Seit dem Jahre 1900 haben viele Generationen diesen besonders schönen Platz gepflegt. Und wie das so ist mit der Tradition – die Pflege alleine reicht nicht aus, man muss auch mit der Zeit gehen.

Am Anfang war die Sommerweide. Die Familie Braesch trieb jeden Sommer die Kühe hinauf und blieb auch selbst hier, bis die kalten Herbstnächte begannen. 1938 wurden die ersten Getränke an vorbeikommende Wanderer ausgeschenkt. Zwei Esel begrüßten die Gäste damals aus der Ferne mit ihren lauten Iah-Rufen. 1960, die Wirtschaft ging im wahrsten Sinne wieder bergauf, baute die Familie aus. Ein »salle de restauration« und ein paar kleine Zimmer beherbergten jetzt die Gäste. Eine exzellente Küche kam hinzu. Im Jahr 2009 übernahm die Familie Sengel das Hotel-Restaurant. Die wunderschöne Terrasse wurde gebaut und die kleine »miniferme«, auf der alle Tiere einen Namen haben, eingerichtet.

Ein Glücksfall ist es, wenn solch ein einzigartiger Ort von wertschätzenden Menschen anderen zugänglich gemacht wird und diese ihre Gäste auch noch verwöhnen. Auch wenn jeden Tag die Kinder in die Schule ins Tal gefahren werden müssen, die Familie mit ihren vier Jungs hat es einzigartig hier.

Am Morgen blinzelt man im Bett – nein, er ist echt, der sagenhafte Blick aus dem Fenster. Gott in Frankreich hat hier seinen Rückzugsort.

Adresse Le Schallern Gaschney, 68380 Muhlbach-sur-Munster, Tel 0389/776185, www.schallern.fr, sengel.schallern@orange.fr | **Anfahrt** von Colmar D 417 nach Munster, hier die D 10 nach Muhlbach-sur-Munster, hier rechts ab nach Le Gaschney, auf dem Parkplatz parken, etwa 1/2 Stunde Fußweg nach Le Schallern Gaschney (Übernachtungsgäste können auch abgeholt werden) | **Tipp** Empfehlenswert ist Schallern als Übernachtungsort im Rahmen einer zweitägigen Wandertour. Start und Endpunkt ist Col de la Schlucht (über Breisach, Colmar, Munster zu erreichen), dort Einstieg in den spektakulären Felsenweg – Sentier des Roches, auf dem GR 5 um den Le Petit Hohneck herum und über Le Hohneck (Wanderkarte empfohlen).

47__Die Bulldogge Hector

Füttern verboten – Streicheln erlaubt

Er gehört seit 2009 zum Skulpturenpark, ja, er führt ihn sozusagen an. Hector, die Bulldogge, wiegt eine Tonne und ist aus patinierter Bronze täuschend echt realisiert worden. Als fügsam, freundlich, eigenwillig und gesellig wird das lebende Exemplar charakterisiert. Da gibt es nur eins, entweder man mag ihn oder eben nicht. Die meisten Spaziergänger des Parks lieben Hector, und besonders die Kinder lassen es sich nicht nehmen, auf ihm herumzuklettern und wie auf einem Pony zu reiten. Und das ist gewollt, denn der in Mulhouse lebende Künstler hat Humor und gestaltet gern Kunst zum Anfassen.

Renato Montanaro ist als Monumentalbildhauer bekannt, gerne verfremdet er bekannte Motive von Klassikern. Der Künstler wurde hier geboren und studierte an der École des Beaux Arts in Mulhouse und in Basel. Seine ausgefeilte Technik und meisterhafte Darstellung ist in allen seinen Werken zu erkennen, stets mit einem Schuss Humor. Seine Begeisterung für Formen und Farben treibt ihn zu immer neuen Ausdrucksformen. Hector ist naturgetreu gestaltet worden, doch die außergewöhnliche Größe und das ungewohnte Material ziehen die Aufmerksamkeit der Spaziergänger an. Seine Originalität erhält er durch die hervorquellenden Augen, den nach vorne geschobenen Unterkiefer und die angriffslustige Stellung. Der Künstler selbst muss sich in den mittelgroßen Koloss mit der gedrungenen, kräftigen Statur von 2,50 Metern Länge verliebt haben, denn er gestaltete ihn immer wieder in mehreren Variationen. Ob fluoreszierend oder mit ziselierten Mustern übersät, ob aus poliertem Aluminium oder pinkelnd das Beinchen hebend, ähnliche Exemplare hat der Künstler auch schon für andere Orte geschaffen.

Im Jahr 2001 wurde am Nouveau Bassin der »Parc à sculpture« angelegt. Hier kann man auf spielerische Weise und einfach mal eben so nebenbei mit Kunstwerken in Berührung kommen. Klettern und Reiten erlaubt.

Adresse Rue du Capitaine Alfred Dreyfus, 68100 Mulhouse | **Anfahrt** von der A 5 auf die E 60 Richtung Mulhouse, in Mulhouse Richtung »La Filature«, dort parken und am besten zu Fuß zur Rue Nouveau Bassin, über die Rue du Capitaine Alfred Dreyfus zur Allée William Wyler | **Tipp** Das Kulturzentrum »La Filature«, ganz in der Nähe auf dem Gelände einer ehemaligen Baumwollspinnerei, bietet eine staatliche Bühne für Musik, Tanz und Theater sowie die Mediathek der Stadt. www.lafilature.org

48 Die Cités Ouvrière

Zur Verbesserung der Lage der Arbeiterklasse

Ein ruhiges Wohngebiet in der Nähe des Stadtzentrums. Kleine bunte Häuschen mit blühenden Gärten bilden hier eine ganz besondere Oase. Manche haben Anbauten und Wintergärten. Für Blumenbeete, kleine Lauben, sogar für Obstbäume ist Platz. Ab und zu grüßt nett ein Gartenzwerg.

Die industrielle Entwicklung der Stadt begann 1746. Die erste Stoffdruck-Manufaktur wurde gegründet, und Mechanisierung und industrielle Entwicklung folgten. Arbeitskräfte wurden gesucht, und immer mehr Menschen strömten nach Mulhouse. Über 100 Jahre später war die Einwohnerzahl so enorm angestiegen, dass neuer Wohnraum benötigt wurde. Zwischen 1800 und 1850 wuchs die Bevölkerung auf fast 30.000 Einwohner an. Verschiedene Industriezweige blühten auf, allen voran die Textilindustrie. Auf der einen Seite gab es die Unternehmer und Investoren mit ihren bürgerlichen Idealen und auf der anderen Seite die Arbeiter, welche oft in einfachen Unterkünften leben mussten.

In dieser historischen Konstellation fand in Mulhouse ein einzigartiger Prozess statt – die erste Arbeitersiedlung Frankreichs wurde 1853 nach dem Vorbild der englischen Gartenstadt angelegt. Der »carré mulhousien« ist sogar in die Architekturgeschichte eingegangen: Vier Einfamilienhäuser, jeweils mit einem Garten, ergeben auf einem quadratischen Grundriss eine Einheit.

Nicht nur äußerlich waren die Fabrikarbeiter mit ihren Familien gut aufgehoben, auch die Werte des Bürgertums, Familie, Ordnung und Sparsamkeit, konnten hier gelebt werden. Zufriedene und gut versorgte Arbeiter waren weniger krank und trugen zur Steigerung der Produktion in den Fabriken bei. Somit hatten auch die Initiatoren des Wohnbau-Projekts einen Vorteil. Bis heute sind die Cités Ouvrière ein beliebter Wohnort. Es gibt Familien, die seit vielen Generationen in diesen Häusern aufgewachsen sind und immer noch gern hier leben.

Adresse 68100 Mulhouse | **Anfahrt** Von der A 5 auf die E 60 Richtung Mulhouse. Die Siedlung liegt südlich des Gare du Nord und in der Nähe des Marché du Canal Couvert. | **Tipp** SOMCO, die Initiative und Auftraggeberin der historischen Siedlungen, ist bis heute im sozialen Wohnungsbau aktiv. Gleich neben der Cité Ouvrière kann man die Cité Manifeste, ein Wohnbauprojekt, anschauen – die moderne Entsprechung des historischen Konzepts als Reihenhaussiedlung mit 60 kleinen Wohnungen.

49 Die Fondation Saint-Jean

Eingewickelt in einen Kokon

An diesem Haus geht man nicht vorbei, man bleibt stehen und fragt sich, wofür es gebaut wurde und wer wohl darin wohnt. Das Weiß des Gebäudes strahlt hinter den Bäumen hervor, und jede Fensteröffnung hat eine andere Form. Im Juli 2011 fand eine Ausschreibung in ganz Europa statt. 42 Architekten nahmen an dem Wettbewerb teil. Die Auswahl der Jury fiel auf das Architekturbüro Klein und Baumann in Mulhouse.

Selten sieht man eine so geglückte Verbindung von Form und Aufgabe eines Gebäudes. Das Haus ist eine gelungene architektonische Antwort auf die Frage nach der Förderung der emotionalen Entwicklung traumatisierter Kinder. Die Stiftung Saint-Jean geht zurück auf Gustave Stricker, einen Pfarrer, Dichter und Pionier der Förderung von benachteiligten Kindern. Er gründete im Jahr 1881 die Stiftung, die die Einrichtung bis heute verwaltet. 52 Jungen und Mädchen zwischen drei und 14 Jahren können hier vorübergehend einen Platz finden. Sie bekommen in diesem modernen Gebäude eine schützende Umgebung der Geborgenheit, in der sie sich entfalten können. So erhält jeder Minderjährige ein Einzelzimmer mit einer leicht gewölbten Fassade, die Fenster bieten Lebendigkeit durch ihre organischen Formen. Scharfe Ecken und Kanten gibt es hier nicht. Wie ein Kokon umschließt die Architektur die darin Wohnenden. Manche haben schwere physische oder psychische Erfahrungen von Gewalt erlitten. Angebote, die die Kreativität und Sozialisierung fördern, wie Klettern, Malen, Sport, unterstützen den Aufenthalt.

Gelebt wird nach ethischen und christlichen Grundsätzen. 120 Angestellte und Mitarbeiter auf freiwilliger Basis kümmern sich mit großem Engagement rund um die Uhr um die bedürftigen Kinder. Das Konzept geht in den meisten Fällen auf: Wie der Schmetterling aus seinem Kokon können viele Kinder und Jugendliche nach einer Ruhepause wieder gut und stark ins Leben gehen.

Adresse Home Saint-Jean, 17 Rue des Gymnastes, 68100 Mulhouse, www.fondation-saint-jean.fr | **Anfahrt** von der A 5 auf die E 60 Richtung Mulhouse, in Mulhouse Richtung Zentrum (ausgeschildert) | **Tipp** Eine ganz besondere Entdeckungstour kann man gratis bei der Tourist-Info Mulhouse buchen. Die einheimischen »Greeter« führen in spannender Art und Weise zu verschiedenen außergewöhnlichen Orten.

50__Der Markt

Schafskopf und gebratene Tauben

Will man die Menschen einer Region kennenlernen, besucht man ihre Märkte. In Mulhouse ist das ein ganz besonderes Erlebnis.

Die Markthalle ist über den Kanal des elsässischen Flüsschens Ill gebaut. Hier finden wir nicht nur typisch elsässische Süßigkeiten, sondern auch orientalische Leckereien. Liebt man es etwas deftiger, kann man sich für Geflügel entscheiden, unzerteilt mit Kopf und Fuß – ein Zeichen für Qualität. Wie wäre es mit einer gebratenen Taube für das Abendessen? Oder doch besser ein paar gefüllte Wachteln? Auch ganze Schafe gibt es – mit und ohne Kopf.

Das Marktrestaurant lädt auf der Galerie des 2001 renovierten Gebäudes zum elsässischen Mittagstisch oder zu einem petit déjeuner, einem französischen Frühstück, ein. Bekommt man einen Platz am Rand, kann man das Feuerwerk aus Farben, Stimmen und Gerüchen genießen.

Produkte aus der ganzen Welt werden verkauft, aus Südeuropa, Asien, Nordafrika, und natürlich auch Spezialitäten aus der Region. Rund 300 Händler bieten hier ihre Waren feil und machen diesen Ort zum größten Markt Ostfrankreichs. Im vorderen Bereich des Platzes bekommt man von heimischem Obst und Gemüse über Südfrüchte und orientalische Gewürze auch büschelweise Koriander und einzelne Kakteenfrüchte. Ein Hauch von 1001 Nacht weht über diesen großen Platz. Das Stimmengewirr erzeugt ein Gefühl von Orient, ein Mix aus Kulturen und Sprachen versetzt in Urlaubsstimmung. Ureigenes Elsässisch geht über in Französisch, und die verschiedenen arabischen Dialekte können wohl nur Sprachkundige auseinanderhalten. Deutsche und Schweizer durchmischen die einheimische Stadtbevölkerung.

Im hinteren Abschnitt des Marktes werden Dinge für den Haushalt, Kleider für das nächste Fest oder skurrile Taschen in allen Farben und Variationen angeboten. Dort kommen die verschiedenen Herkunftskulturen der Einwohner von Mulhouse noch einmal so richtig zur Geltung.

Adresse Marché de Mulhouse, 26 Quai de la Cloche, 68200 Mulhouse | **Anfahrt** von der A 5 auf die E 60 bis nach Mulhouse, der Markt liegt südlich des Gare du Nord | **Öffnungszeiten** Mo–Fr 5–17 Uhr, Sa 6–17 Uhr | **Tipp** Am schönsten ist es, den erwachenden Markt zu erleben: also früh aufstehen und schon um sieben Uhr mit einem petit déjeuner starten.

51 »Le M.U.R«

Kunst unter freiem Himmel

Ups, das war doch gestern noch ganz anders. Man muss sich erstaunt die Augen reiben. Schau dir das an! Wo eben noch die schwarze Katze und die Wollsocken in knallbunten Farben von der Hauswand leuchteten, fliegt heute ein bunter Vogel aus dem Bild heraus. Kaum zu glauben – schon wieder ein Monat vorbei.

Das ist genau die Zeitspanne für das Kunstwerk, das junge Künstler auf die Wand sprühen können. Leinwand, nein, Hauswand frei, alle dürfen kommen und sich verwirklichen. Ein Freilichtatelier für Straßenkunst. Acht mal drei Meter werden jeden Monat wieder neu mit weißer Wandfarbe übermalt. Wer will, der darf. Und so entstehen immer wieder neue Geschichten zum Schauen, Staunen und Träumen.

Doch Vorsicht, dies ist nichts für zarte Künstlerseelen, denn die Schöpfer wissen, dass ihr Werk nur von kurzer Dauer ist. Widerstand ist zwecklos. Angeblich kam es schon zu Auseinandersetzungen, wenn ein Künstler sein Bild nicht übermalen lassen wollte. Hier ist Kunst vergänglich. Das erlebt auch der Betrachter, und das ist förderlich, denn es regt zu Diskussionen an. Gut, dass die Stadt hier ein Auge darauf hat und die monatlichen Wechsel organisiert.

Die Fassadenmalerei hat in Mulhouse Tradition. Auch beim städtischen Rathaus darf man sich auf Überraschungen gefasst machen. Statuen und Gebäudeteile wie etwa Stuckelemente und verzierte Wappen sind so beeindruckend echt in der Technik der Trompe-l'oeil-Malerei gemalt, dass die Augentäuschung gelungen ist. Seit 1553 wird das Gebäude in dieser Art bemalt, und fast alle 20 Jahre werden die Farben wieder aufgefrischt. Etwa 100 Fassadenmalereien sind in der wichtigsten Industriestadt des Elsass zu finden. Auch private Hausbesitzer lassen sich etwas einfallen. So lädt eine Reinigung ihre Kunden mit witzigen Motiven zum Thema Waschen ein. Hier vermischt sich Kunst mit Werbung, und auch das macht wirklich Vergnügen.

Adresse Rue de la Moselle, 68200 Mulhouse | **Anfahrt** Von der A 5 auf die E 60 Richtung Mulhouse, in Mulhouse Richtung Zentrum. »Le M.U.R« liegt in der Nähe der Stephanskirche. | **Tipp** Viele Hauswände in der Stadt sind bemalt. Gehen Sie auf die Suche nach Marilyn Monroe, Till Eulenspiegel oder der Venus im Bade. Sie und noch mehr findet man hier. Die freundlichen Mitarbeiter in der Tourist-Info Mulhouse helfen gerne.

52 Der »Onkel Hansi«-Laden

Elsass pur

Alles, was einen Bezug zum Elsass hat, bekommt man hier. Vorausgesetzt, es gibt eine Verbindung zu »Hansi«, dem elsässischen Karikaturisten (1873–1951).

Kommt man in den Laden, der mit solch einer umfassenden Auswahl an regionalen Produkten aufwartet, fragt man sich vielleicht, ob Jean-Jacques Waltz damit einverstanden gewesen wäre. Betrieben hätte er dieses Geschäft sicher nicht. Er war Künstler und zeichnete Karikaturen und Alltagsszenen aus dem Leben seiner Landsleute. Doch es hätte ihm vielleicht gefallen. Seine eindrucksvollen Zeichnungen der Kinder des Elsass und die bunten, detailgetreuen Dorfszenen sind hier unter anderem als Postkartenmotiv zu finden. »Interdit de me donner des ordres«, steht auf einem T-Shirt, das es hier zu kaufen gibt. Das passte zu ihm. Denn sagen ließ sich dieser Mann nichts. Im Schaufenster gibt es ein schönes Foto dieses populären Illustrators und Karikaturisten, eine Würdigung des Mannes, der als »Onkel Hansi« so beliebt war.

Dies ist kein gewöhnlicher Souvenirladen. Sehr ausgewählt sind die Produkte. So gibt es elsässisches Bier in verschiedenen Geschmackssorten, unterschiedliche farbige Limonaden mit einem Etikett nach einem Motiv von »Hansi«, Nudeln, Kaffee, Süßigkeiten. Aber auch kleine Souvenirs wie Fingerhüte, Holzspielzeug und natürlich den elsässischen Storch in allen Varianten. Geschirrhandtücher oder mit Stoff bezogene Brotkörbe zeugen von Qualität und von der Tradition, die hier immer noch gepflegt wird. Mulhouse war einst ein Zentrum für Stoffherstellung und Stoffdruckerei.

Es sind ausschließlich in der Region gefertigte Produkte von über 20 Unternehmen zu finden, und der engagierte Geschäftsführer ist immer auf der Suche nach neuen originellen Dingen. »Das glückliche Elsass« – das bekannte Kinderbuch von Jean-Jacques Waltz mit vielen Motiven aus seiner Heimatstadt – gibt es hier natürlich auch auf Elsässisch.

Adresse Le Marché de l'Oncle Hansi, 25 Place (Passage) de la Réunion, 68100 Mulhouse, Tel. 0682/591575 | **Anfahrt** von Freiburg A 5 und E 60, Ausfahrt Mulhouse Zentrum, hier parken, zum Temple Saint-Étienne, gegenüber vom Eingangsportal der Kirche befindet sich der Laden | **Öffnungszeiten** Mo–Sa 9.30–19 Uhr | **Tipp** Direkt gegenüber auf dem Place de la Réunion steht die »Cathédrale de Mulhouse« genannte protestantische Stephanskirche mit ihrem 97 Meter hohen Glockenturm.

53__Der Schweissdissi

Den Allerwertesten versteckt

Diese Figur muss in Mulhouse erst einmal gefunden werden, denn sie wurde einst aus dem Zentrum an den Stadtrand verbannt. Am Rande des Parc du Tivoli befindet sich jetzt der Arbeiter und wischt sich den Schweiß von der Stirn.

1906 wurde er in der Mitte des Place de la Réunion zwischen Stephanskirche und dem Rathaus aufgestellt. Der damalige Bürgermeister Emile Kaiser wollte mit diesem Kunstwerk die harte Arbeit des Proletariats würdigen und gab die überlebensgroße Bronzestatue bei dem Österreicher Franz Beer in Auftrag. Dieser entwarf sie in Florenz und ließ sie in Pistoia gießen. Kurz nach der feierlichen Einweihung gab es jedoch ein Problem:

Das Stadtoberhaupt bedachte nicht, dass das nackte Hinterteil der Statue zur Kirche gewandt war und missbilligende Reaktionen der Bürger provozierte. Mehrere Versuche, die Figur zu drehen, blieben erfolglos. Denn zeigte das Hinterteil zum Rathaus, wurde dies natürlich genauso wenig akzeptiert. Nach nicht enden wollenden Diskussionen entschied die Stadt kurzerhand, den Schweissdissi an den Stadtrand auszulagern, wo er keinen Schaden anrichten konnte. Um jede Kritik zu verhindern, wurde eine große Hecke angepflanzt, welche im Hintergrund das werte Teil verdecken sollte. So kommt es, dass jedes Jahr der Stadtgärtner diese Hecke kunstvoll beschneiden muss, damit der Schweissdissi doch wenigstens von vorn zu sehen ist.

Im Zweiten Weltkrieg entging die Figur wie durch ein Wunder der Einschmelzung. Und dass die Mulhouser Bürger heute ihrem schwitzenden Arbeiter wieder wohlgesonnen sind, zeigt folgende Tatsache. 1976 wurde die »Création de la Confrérie Schweissdissi Milhüsa«, die Schweissdissi-Bruderschaft Mulhouse, gegründet, um die elsässische Tradition und den Dialekt zu bewahren und zu pflegen. Der Aufkleber der »Schweissdissi Confrérie« an einem Geschäft bedeutet: Hier kann Elsässisch gesprochen werden.

Adresse Parc du Tivoli, Boulevard Léon Gambetta, 68100 Mulhouse | **ÖPNV** Bus 14, Haltestelle Tivoli | **Anfahrt** von der A 5 auf die E 60 Richtung Mulhouse; vom Boulevard Léon Gambetta in die Rue du Tivoli | **Tipp** Baumliebhaber finden im Parc du Tivoli einen besonders großen Ginkgobaum.

54 Das Stoffdruckmuseum

Mekka für Dekorationsliebhaber

Man kann sie kaufen, eine Auswahl der über sechs Millionen Stoffdruckmuster. Zwei oder vier Jahre lang darf das gewünschte Design für eigene Zwecke verwendet werden. Kategorie eins kostet 800 bis 1000 Euro. SUD nennt sich das Garantiezertifikat, das seit mehr als 150 Jahren genutzt wird. Die Muster sind teilweise auf Papier aufgebracht und in Musterbüchern verwahrt.

Diese Textildrucksammlung ist beispiellos. Wer frische Inspirationen braucht, wird hier allemal fündig. Aber auch Studenten und Forscher aus der ganzen Welt kommen, um die weltweit einzigartige Sammlung der Design- und Textilgeschichte auszuwerten. Daneben geben etwa 70.000 Textildruckdokumente Einblick in Produktion, Handel und Vertrieb der hergestellten Ware. Von 1746 an entstanden hier eindrucksvolle Zeugnisse der Industrie-, Technik-, Mode-, Orts- und Sozialgeschichte. Anhand von prunkvollen Wandbehängen, zeitlosen Bettdecken oder modern bedruckten T-Shirts lässt sich die Entwicklung des Kunsthandwerks zur industriellen Fertigung nachvollziehen.

Geschichte, Technik oder die Anfänge der ersten Stoffdruckerei in Mulhouse, die Arbeit mit Holzmodels, die industrielle Fertigung mit raumfüllenden Druckmaschinen werden gezeigt. Die Erfindung des Siebdruckes in den 1930er Jahren revolutionierte den Stoffdruck, der computergesteuerte Transferdruck mit synthetischen Farben ist heute Standard. Die Chemie spielte schon immer eine herausragende Rolle für den Textildruck. 1856 wurde als Erstes die künstliche Produktion der Farbe Lila entdeckt, 1902 arbeitete man schon mit fast 700 synthetisch hergestellten Mixturen.

Im Shop hat man die Auswahl aus den Originalentwürfen führender französischer Designer. Zofia Rostad stellt ihr individuelles Design mit Katzen und Kühen für das Museum zur Verfügung, Christian Lacroix entwarf exklusiv für Mulhouse einen Kaschmirschal. Die Wahl fällt schwer.

Adresse Musée de l'Impression sur Étoffes, 14 Rue Jean-Jacques Henner, 68100 Mulhouse, Tel. 0389/468300, www.musee-impression.com | **Anfahrt** von der A 5 auf die E 60 Richtung Mulhouse, die Rue 17. Novembre bis zum Ende bis zur Rue Jean-Jacques Henner, nördlich des Gare-Ville | **Öffnungszeiten** täglich 10–12 und 14–18 Uhr außer Mo | **Tipp** Im »Cité du Train«, einem Eisenbahnmuseum, kann man sich auf eine Zeitreise der Eisenbahngeschichte begeben. 2 Rue Alfred de Glehn, 68200 Mulhouse.

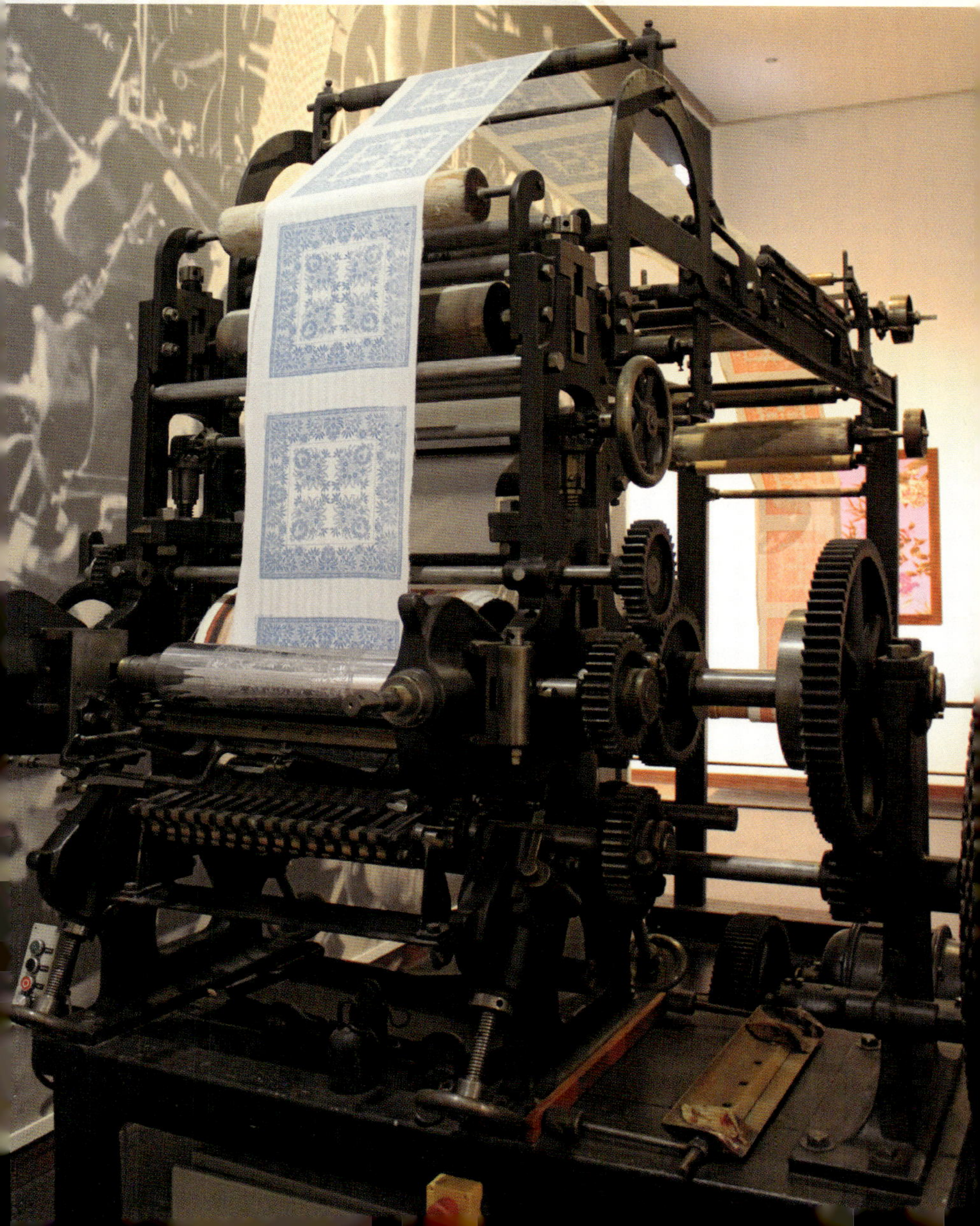

55__La Vitrine

Rein in die gute Stube

»La Vitrine« gehört zur Kooperative »Alte Schule«, ein Bildungs- und Kulturverein in Mulhouse. Übersetzt bedeutet es Schaufenster, und das soll es auch sein. Textilien, Schmuck, Grafiken, Bilder, Musik, Möbel, Spiele und vieles mehr werden hier ausgestellt. Alle Dinge haben etwas gemeinsam, sie sind von regionalen Künstlern geschaffen. Da findet man aus Kronkorken gefertigte Ohrringe, ein Bild von einem Pin-up-Girl mit der großen schwarzen Schleifenhaube der elsässischen Tracht oder die Schallplatten einer regionalen Musikband. Mehr oder weniger schrille Raritäten zum Sammeln und Verschenken – hier gibt es Einzelstücke, die man sonst nirgendwo bekommt. Das ist interessant für Jung und Alt und lädt zum Schauen und Stöbern ein. Die Atmosphäre in dem geschmackvoll gestalteten Raum ist entspannt, die Verkäufer identifizieren sich mit dem Konzept und den Verkaufsobjekten.

Lokale Kreationen werden zum Verkauf angeboten, und es passiert noch vieles mehr. Künstler haben hier ein Forum, tauschen sich aus und entwickeln gemeinsam neue Kreationen. Wenn der Musiker mit dem Designer ein tolles Plattencover kreiert oder der Grafiker mit dem Maler Postkarten entwirft, entstehen lebendige Beziehungen.

Hier wird man keine aus China oder Taiwan importierten Artikel finden. Es geht – über den Verkauf hinaus – um den Austausch mit der Öffentlichkeit und mit den Kunden. Das ist spannend und macht neugierig. Wenn man Glück hat, trifft man einen Künstler an oder kann an einem spontan inszenierten Kreativwettbewerb teilnehmen. Auch ein lokaler Radiosender und eine Medienwerkstatt gehören zu dem Bildungs- und Kulturverein der besonderen Art.

Diese Initiativen zeigen mehr von der lokalen Mentalität und Stimmung als die gewöhnlichen Souvenirläden. Und stellt die leicht bekleidete Dame mit der großen schwarzen Schleife nicht auch ein besonderes Detail des Elsass dar?

Adresse La Vitrine Old School, 53 Avenue du Président Kennedy, 68200 Mulhouse, Tel. 0389/331111, www.danslavitrine.com | **Anfahrt** von der A 5 auf die E 60 Richtung Mulhouse, in Mulhouse in Richtung Zentrum, parken in der Rue du Ballon | **Öffnungszeiten** werktags 11 – 19 Uhr | **Tipp** Ganz in der Nähe, in der Rue du Sauvage, kann man die Skulptur »Der Sitzende« sehen. Mulhouse erhielt als einzige elsässische Stadt die Auszeichnung »Stadt der Kunst und der Geschichte«.

56 Die Weberei

Vom Dachboden erweckt

Wer kennt ihn nicht? Den Leinenstoff mit dem blau-roten Karomuster. Bettwäsche, Schürzen, Tischdecken hängen überall in den Souvenirläden im Elsass aus. Aber das Original gibt es nur bei ihm. Michel Gander hat sich als Weber in siebenter Generation wieder zu den klassischen Mustern bekannt.

Da braucht es Geduld und viel Liebe zum Beruf. Die Leinenfäden, die in seiner Weberei auf unzähligen Spulen aufgerollt sind, bekommt er aus Nordfrankreich. Im 17. Jahrhundert gab es das Material direkt von nebenan. Das Grand Ried, wie die Gegend um Muttersholtz genannt wird, brachte genug Leinpflanzen hervor, sodass an die 100 Weber davon leben konnten. Die Kelsch-Weber bekamen ihren Namen wahrscheinlich von Kölsch, da auch stromabwärts um Köln herum viel Leinen angepflanzt wurde. Die Nähe zum Wasser in den Flussläufen und Seen des großen Rieds war gut geeignet, um die gesponnenen Fäden und die fertigen Stoffe zu waschen. Dieser Arbeitsvorgang war wichtig für die Gesamtproduktion.

Kelsch hießen die Leinen – Bettwäsche, in der das ganze Elsass schlief. Das rot-blaue Karomuster variierte in kleinen Nuancen. Die 1950er brachten moderne Billigstoffe aus Übersee, auf einmal war der unverwüstliche Alltagsstoff altmodisch geworden. Die schöne Bettwäsche lagerte auf dem Speicher, und die Webereien im Grand Ried verschwanden.

Michel Gander versucht, die Tradition zu retten. Die Qualität und die Muster der Stoffe behält er bei. Zur Herstellung besonders edler Stoffe benutzt er sogar Hanf, wie früher eben. Er beschäftigt eine Schneiderin, die Tischwäsche auf Maß anfertigt. In der angegliederten Boutique gehen 80 Prozent der hergestellten Ware über den Ladentisch. »Die Deutschen zählen zu meinen besten Kunden«, sagt der langjährige Chef der Weberei. Seine Werkstatt wurde als lebendes Kulturgut des Handwerks ausgezeichnet. Interessenten für die Nachfolge dürfen sich melden.

Adresse Verkauf: 10A Rue de Verdun, 67600 Muttersholtz, Tel. 0388/5775, Betrieb: 2 Rue de l'Étang, 67600 Muttersholtz, Tel. 0388/851532 | Anfahrt von Straßburg die N 4, A 35, E 25 Ausfahrt 15 Ebersheim, dann D 321 und D 21 bis Muttersholtz | Tipp Mit dem Riedfischer kann man Bootstouren durch das Ried unternehmen.

57_Die Festung

Engagement für die Erinnerung

Panzerabwehrtürme und schwere Kanonengeschütze sind im Steinwall versenkt, Versorgungsküchen und Bäckereien befinden sich unter der Erde. 20 Kilometer westlich von Straßburg liegt die größte deutsche Festungsanlage aus dem Ersten Weltkrieg. Fast ein Vierteljahrhundert hatte man daran gebaut, nur einmal kam sie zum Einsatz. Heute noch wird das Gebiet militärisch genutzt.

Umso bewundernswerter ist die Arbeit, die ein deutsch-französischer Verein seit 30 Jahren hier leistet und bis heute mit großem persönlichen Einsatz vollbringt. Die etwa 70 Mitglieder haben in Eigenarbeit einen Teil der 50 Gebäude restauriert, die auf einer Fläche von 254 Hektar unter die Erde gebaut worden waren. Die Nationalität spielt keine Rolle, gedacht wird europäisch.

Manche Mitglieder sind schon als Kind neugierig um die Festungsanlagen gestrichen. Als Erwachsene wurde mehr daraus, sie möchten ein Projekt der Versöhnung gestalten und weitergeben, was ihnen am Herzen liegt.

1893 begann der Bau, über 20 Jahre später wurde die Festung am 18. August 1914 zum ersten Mal gegen einen Angriff der Franzosen eingesetzt. Im Inneren hatten bis zu 7.000 Soldaten Platz; die hochmoderne Anlage mit einzigartiger Perfektion verfügte über eine eigene Stromversorgung durch Dieselmotoren. Nach dem Ersten Weltkrieg bauten die Franzosen weiter, neue Bereiche entstanden. Ab 1945 ruhte dieses besondere Beispiel irrsinniger Auswüchse des Militarismus.

Die leidvolle Geschichte ist vielseitig. So gibt es auf dem Hügel in der Nähe einen russischen Friedhof. Zwangsarbeiter aus Russland, die während des Baus starben, sind hier begraben. Nach langen Recherchen hat man die Angehörigen gefunden. Manchmal liegen Blumen auf einem Grab. 2014 ist der Namensstein wieder aufgestellt worden, nur der Adler ist diesmal aus Kunstharz. Angeblich nahm ein amerikanischer Soldat das Original des Bronzeadlers mit nach Hause.

Adresse Rue du Camp, 67190 Dinsheim-sur-Bruche, www.fort-mutzig.eu | **Anfahrt** von Freiburg A 5 bis Offenburg, N 353 nach Illkirch, auf der A 352 nach Mutzig, hier den Schildern zur Feste Mutzig folgen | **Öffnungszeiten** Führungen: 1. März–31. März und 1. Nov.–31. Dez. Sa, So 13.30 Uhr, 1. April–30. Juni und 16. Sept.–31. Okt. Mo–Fr 13.30 Uhr, Sa, So 13.30 und 14.30 Uhr, 1. Juli–15. Sept. täglich 10.30, 13.30 und 14.30 Uhr; im Dezember und Januar können Führungen wegen schlechten Wetterbedingungen ausfallen | **Tipp** Neben allen erdenklichen Waffen befindet sich im Museum Schloss Mutzig das Dokument, mit dem Hitler seine letzte Durchhalteparole per Telegramm schickte.

58 Die Gedenkstätte KZ Natzweiler-Struthof

Gegen die Unmenschlichkeit

Auf dem Weg zur Gedenkstätte des Lagers wird man von einem Schild nach links in die Einfahrt geleitet: »Chambre á gaz«, ein ganz gewöhnliches Haus steht da. Schon hier beginnt man still zu werden.

Ursprünglich wurde es als Festsaal für den angrenzenden Gasthof erbaut. Hier befand sich seit Anfang des 20. Jahrhunderts ein beliebtes Ausflugshotel. Wanderer und Skiläufer kamen, um die Natur zu genießen, die Bewohner von Natzweiler gingen hier zum Tanzen. Im Mai 1941 wurde das Gasthaus »Der Struthof« von den Nazis beschlagnahmt. In den nächsten Jahren musste es für Arbeitswerkstätten und als Unterkunft für die im Lager Beschäftigten dienen. Der Festsaal wurde zwei Jahre später zur Gaskammer umgebaut. Gut getarnt wurden in Struthof grausame medizinische Experimente durchgeführt. Bekannte deutsche Professoren der nahe gelegenen Universität Straßburg agierten hier in einem pseudo-wissenschaftlichen Umfeld.

Weiter oben erreicht man das 1941 eingerichtete Lager mit dem gleichen Namen. Die wunderbare Aussicht auf das gegenüberliegende Vogesenmassiv betont die Gegensätze an diesem Ort.

Der Nordhang des Mont Louise überragt das Bruche-Tal. Nachdem ein SS-Geologe eine Ader roten Granits entdeckt hatte, sollte hier ein Lager mit Arbeitseinsatz im Steinbruch entstehen. Die Deportierten selbst mussten es unter schweren Bedingungen auf 800 Metern Höhe errichten. In den nächsten drei Jahren sollten hier 52.000 Menschen, Juden, Roma und Sinti und vor allem französische Widerstandskämpfer, gefangen gehalten werden.

Am 22. November 1944 kamen die Alliierten zur Befreiung. Sie trafen niemanden mehr an, schon im September hatten die Nazis die Häftlinge nach Dachau und Allach gebracht. 22.000 Menschen starben durch die grausame und erbarmungslose organisierte Tötung. Auf dem Heimweg hält die Stille an.

Adresse Route Départementale 130, 67130 Natzweiler, www.struthof.fr | **Anfahrt** von Straßburg A 35 und A 352, bei Mutzig D 1420 nach Schirmeck, hier nach Rothau, dort links Richtung Natzweiler, kurz vor Natzweiler den Schildern »Le Camp du Struthof« folgen | **Öffnungszeiten** 1. März–15. April und 16. Okt.–23. Dez. von 9–17 Uhr, 16. April–15. Okt. von 9–18.30 Uhr | **Tipp** 2005 wurde das »Centre Européen du Résistant Déporté« vom französischen Präsidenten Jacques Chirac eingeweiht. Das große Gebäude aus Beton und dunklem Stein ist ein Ort des Gedenkens. Die Geschichte der Deportation und des Widerstandes wird in Erinnerung gehalten.

59 Die Festung von Vauban

Pferde, Schafe und Ziegen

Das Meisterwerk von Sébastien Le Prestre de Vauban, dem Festungsmeister Ludwigs XIV., wurde 2008 in die Liste des UNESCO-Weltkulturerbes aufgenommen. In Europa war dieses weltweit einzigartige Bauwerk eine der mächtigsten Festungen des 17. Jahrhunderts. Die Franzosen nennen das aus rotem Sandstein errichtete Bauwerk den »rosa Stern des Elsass«. 16 Zacken gehören zur Gesamtfestung, die die ganze Stadt einfasst.

1697 hatten die Franzosen das alte Breisach auf der deutschen Seite verloren, und eine neue Befestigung musste her. So entstand unter Zeitdruck von 1698 bis 1705 die damals sicherste Verteidigungsanlage Europas. Sie lag strategisch sehr günstig, wenige Kilometer von der deutschen Grenze entfernt. Die Bauweise mit doppeltem Graben und drei Wällen bot Bevölkerung und Militär ausreichend Schutz.

Die Stadt selbst ist noch heute schachbrettartig in 48 Häuserwohnblöcke aufgeteilt, für jeden Wohnblock stand ein Brunnen zur Verfügung. 1715 mussten 4.000 stationierte Soldaten von Händlern und Handwerkern versorgt werden. 1743 widerstand die Stadt einem Angriff der Österreicher, 1870 fiel sie erstmalig im Deutsch-Französischen Krieg. Am 6. Februar 1945 wurde das wieder zu Deutschland gehörende Neubreisach ein zweites Mal von der Artillerie der Amerikaner angegriffen. Diese schossen bei der Befreiung Frankreichs von den Nationalsozialisten probehalber eine Granate in das neun Meter hohe Mauerwerk, die Einschussstelle ist heute noch zu sehen.

Als Garnisonsstadt zur Zeit Vaubans galt Neuf-Brisach mit einer Kavallerieeinheit und zwei Reitplätzen als Stadt der Pferde. Heute hat eine Pferdeliebhaberin einen Teil der Befestigungsanlage gepachtet, um hier ihre Tiere unterzubringen. Auch die Schafe kommen wieder und dürfen sich am saftigen Gras satt essen, ganz so, wie es vor der Errichtung der 70 Hektar großen Anlage einst war – flaches, fruchtbares Weideland. Es wirkt fast idyllisch.

Adresse 68600 Neuf-Brisach | **Anfahrt** von der A 5 an der Anschlussstelle 64 A Bad Krozingen auf die B 31 (nach der Grenze N 415) in Richtung Breisach / Colmar bis Ausfahrt Neuf-Brisach D 468 | **Tipp** Im Vauban-Museum, das im Stadttor von Belfort in Neuf-Brisach untergebracht ist, kann man einen Reliefstadtplan mit Ton- und Lichtanimation bewundern.

60_Die Marmeladenkönigin

850 Sorten für Brad Pitt

Man muss nicht gleich wie Brad Pitt 1.000 Container dieser süßen Spezialität bestellen. Erst probiert man einmal ein Glas Hagebutte mit Orange, dann darf es auch gern Heidelbeere mit Lakritz sein. Betritt man den Laden von Christine Ferber, ist man gleich im Paradies. Diejenigen, die dem köstlichen Brotaufstrich verfallen sind, allemal.

Die mehrfach ausgezeichnete Konditorin, Chocolatière und Gelierköchin ist wie über Nacht zu Weltruhm gekommen und vertreibt sogar in der Hauptstadt ihre Ware. In den Galeries Lafayette in Berlin finden wir ihre wunderbaren Produkte wieder. Hergestellt in dieser himmlischen Küche.

Dabei hat es ganz unspektakulär angefangen. In der kleinen Konditorei bestellte ein Kunde die fabelhafte selbst gemachte Marmelade »en gros«. Die Tochter des Hauses war kühn genug, dem Wunsch nachzukommen, und so kam der Stein ins Rollen. Anfang der 1980er Jahre begann die Produktion der von Hand gerührten Marmelade.

Die Farben der Fruchtmasse inspirieren Christine Ferber und verhelfen ihr zu neuen Ideen. Die Marmeladen werden ganz ohne Konservierungsmittel produziert. Einer der eigens für sie hergestellten Kupferkessel ist etwa 1.000 Euro wert, mit bis zu fünf Kilogramm dürfen sie befüllt werden.

Das Obst stammt ausschließlich von regionalen Bauern aus dem Elsass, zum Teil noch aus dem heimischen Garten. Dabei legt sie auf die Qualität der Früchte besonderen Wert, alles wird von Hand zubereitet und gerne mit Wein, Obstbränden oder Gewürzen verfeinert. An die 300 Rezepte hat sie bisher gezaubert. Die Auftragsliste ist lang, und man mag kaum glauben, dass die Konditorin in vierter Generation in diesem kleinen Dorf ihre ungewöhnlichen Marmeladen- und Geleekreationen entwirft. Auch wenn sie mittlerweile schon in ganz Frankreich berühmt ist, bleibt es ein unvergessliches Erlebnis, ihren Laden im kleinen Dorf Niedermorschwihr aufzusuchen.

Adresse 8 Rue des Trois Épis, 68230 Niedermorschwihr | **Anfahrt** von Colmar D 418 und D 11.2 nach Ingersheim, von hier nach Niedermohrschwihr | **Tipp** In der Kirche St. Gallus befindet sich eine Orgel von Andreas Silbermann aus dem Jahre 1726. Sie wurde ursprünglich für die Dominikanerkirche in Colmar angefertigt. Die gewundene Turmspitze der Kirche St. Gallus ist in ihrer Art im Elsass einzigartig.

61 Der Weg der Riesen

Am Anfang war die Sage

Es lebte einmal ein Riesenfräulein, dem war langweilig, und es suchte ein neues Spielzeug. Als die junge Dame auf ihrem Spaziergang einen Bauern mit Pferdegespann und Pflug sah, war sie begeistert, hob diesen kurzerhand hoch und brachte ihn zu ihrem Vater auf die Burg. Der kluge Vater erklärte ihr: Der Bauer ist kein Spielzeug, ohne Bauern gäbe es kein Brot. Lass ihn wieder frei.

Die Burg ist längst verfallen, das Fräulein gibt es nicht mehr. Dafür aber etwas anderes, nicht weniger Spannendes. Neun Künstler haben acht Werke auf diesem ersten zeitgenössischen Skulpturenweg in den Vogesen geschaffen. Sylvain Chartier hat dieses Bildhauersymposium 2003 ins Leben gerufen, noch weitere sollen folgen. Er versammelte internationale Bildhauer drei Wochen lang an diesem Ort. Das Thema waren die Riesen von Nideck. Auch wenn der Weg nicht direkt zur Burg Nideck führt, sondern zur Burg Hohenstein, werden die Riesen hier wieder lebendig.

Nach dem Aufstieg werden auf dem etwa gut zwei Stunden dauernden Rundweg, der auch mit dem Mountainbike befahren werden kann, erst mal die Sinne getäuscht. Da steht ein aus Rundstäben aufgebautes Zelt sehr einladend – täuschend echt aus Stein. Hintereinander aufgestellte Steinplatten laden zu neuen Blickweisen ein. Ein Rad mit einer Walze, verbunden mit einem Stahlseil, stellt den »Dialog der Riesen« dar. Die letzte Skulptur ist ein Wechselbild, mal erscheint ein riesiger Elefant, mal ein einfacher Kamm. Kunst verschmilzt hier mit Natur.

Mit dem roten Sandstein, den man hier in Mengen vorfindet, und einem regionalen Bezug zur Landschaft schufen die Bildhauer aus Belgien, Brasilien, Serbien, Frankreich und anderen Ländern im wahrsten Sinne des Wortes sagenhafte Skulpturen. Unterstützt wurde das Projekt von der EU, den angrenzenden Gemeinden und vielen anderen Institutionen.

Sicher ist, das Riesenfräulein hätte hier einen Riesenspaß.

Adresse 67280 Oberhaslach | **Anfahrt** von Straßburg N 4 nach Elsau, A 35 / A 352 über Dorlisheim D 1420 / D 392 nach Niederhaslach und auf die D 218 nach Oberhaslach, diese weiter Richtung Nideck, nach einem Kilometer rechts in die Route Forestière du Sandweg, nach 400 Metern beginnt der Skulpturenweg | **Tipp** In der Nähe, in Niederhaslach, befindet sich die Kirche Saint Florent, sie gehört zu den schönsten elsässischen gotischen Kirchen und weist im Westtympanon den typischen roten Sandstein auf.

62 Der Berg Treh

Bunte Flügel am blauen Himmel

Höhenangst? Unsportlich? Das spielt keine Rolle, denn hier gibt es für jeden etwas. Manch einer will auch nur schauen, schauen und noch mal schauen.

Die Sehnsucht, zu fliegen, kann hier ausgelebt werden. Der uralte Traum der Menschheit wird wahr, ob man sich selber in die Lüfte schwingt oder anderen dabei zusieht. Unter Kennern sind die wunderbaren Fluggebiete zum Drachen- und Gleitschirmfliegen in den Vogesen bekannt. Die Thermik ist hervorragend, es gibt bestens geeignete Start- und Landeplätze. Und nicht zuletzt ist die Aussicht von oben phantastisch. Man blickt in das weite Thurtal, im »Naturpark Ballon des Vosges«, dem Zentrum der südlichen Vogesen.

Aber erst mal müssen die Schirme aufgespannt werden, bevor es dann mit großen Schritten losgeht. Schon dabei macht das Zuschauen Spaß. Klappt es oder klappt es nicht? Für die Profis nur eine Frage der Zeit. Und für den Beobachter ein außergewöhnliches Erlebnis. Es hat fast schon etwas Meditatives, wenn man die vielen bunten Schirme am Himmel fliegen sieht. In allen Farben schweben sie, blau, rot, grün, gelb … Die Flugbedingungen sind exzellent, und deshalb sind es gleich mehrere Flugschulen, die an diesem Ort ihre qualifizierte Ausbildung anbieten. Auf dem riesigen Wiesenstartplatz kann man das Abheben erlernen. Doch auch die Landung will gekonnt sein, gute Landeplätze unten im Tal laden ein, wieder Boden unter die Füße zu bekommen. Dazwischen liegt das Glück – aber eben nur für Schwindelfreie.

In dem kleinen Ort Oderen kann man beim Landen zuschauen. Beide Orte haben ihren eigenen Reiz. Im Thurtal gab die Textilindustrie früher den Menschen Arbeit. Heute ist es der Tourismus. Den Gleitschirmfliegern sei Dank.

Der Campingplatz »Le Wagga« bietet direkt am Landeplatz einen herrlichen Logenplatz: in der Bar bei einem kühlen Bier. Gegen Abend trifft man die Flieger dann persönlich. Bewunderung ist erlaubt.

Adresse Le Treh (1206 m), bei 68610 Le Markstein; Campingplatz »Le Wagga«, Aérotec-Zone Artisanale, 68830 Oderen, Tel. 0389/282432, laurewagga@gmail.com | **Anfahrt** von der A5 die E54 nach Mulhouse, dann E512 nach Thann, Fellering, Oderen | **Tipp** Für die Mutigen bietet die seit 1977 bestehende französische Flugschule Centre École du Markstein Gleitschirmkurse für alle Stufen an. www.centreecolemarkstein.com

63 Der Beginn der Westfront

Den ersten Toten gab es vor dem Krieg

Der Ort Pfetterhouse liegt in dem Gebiet, das früher »Entenschnabel« genannt wurde, weil der Zipfel auf der Landkarte so aussah. Hier war im Ersten Weltkrieg der Berührungspunkt zwischen Deutschland, Frankreich und der Schweiz, welche ihre Truppen in drei Frontlinien positionierten. Der Grenzstein 111 markiert genau den Knotenpunkt, den »Kilometer Zéro« der drei damaligen Ländergrenzen. Die Schweizer Soldaten hielten ihre aus Holz gebauten Stellungen während der gesamten Kriegsjahre besetzt und beobachteten zum Schutz ihrer Neutralität im Norden die französischen und im Süden die deutschen kriegsführenden Einheiten.

Die ersten Schüsse fielen in diesem eher unbedeutenden Frontabschnitt schon am 2. August 1914. Mehr als 30 Stunden vor der offiziellen Kriegserklärung Deutschlands an Frankreich forderte der kommende Krieg das erste Opfer. Der Tod von Jules-André Peugeot gilt als wichtiges Ereignis vor Kriegsausbruch.

Am gleichen Tag wurde auch der Anführer der deutschen Truppe, Leutnant Albert Mayer, getötet. 1918 wurde hier der einzige gefallene Schweizer Soldat, der Leutnant Walter Flury, in seinem Fesselballon von deutschen Flugzeugen abgeschossen. Im weiteren Kriegsverlauf gab es in diesem Grenzabschnitt aber eher wenige Kriegshandlungen.

Heute ist ein mit Informationstafeln bestückter und gut begehbarer Wanderweg am kleinen Flüsschen Large entstanden. Während die Befestigungen auf der französischen Seite fast ganz verschwunden sind, findet man an der ehemaligen deutschen Front freigelegte Betonfundamente. Auf dieser Seite richtete man sich früh auf einen lange dauernden Verteidigungskrieg ein. Der Weg wurde vom Verein »Freunde des Kilometers Null« gut ausgebaut – grenzüberschreitend. Die Kraft der Natur zeigt sich an einem Baum, der den ersten deutschen Unterstand aus Beton über die Jahre mit seinen Wurzeln gesprengt hat.

Adresse 68480 Pfetterhouse, www.front-vosges-14-18.eu | **Anfahrt** von Mulhouse D 432 nach Altkirch, D 9B, dann D 17, in Seppois-le-Haut nach Pfetterhouse, am besten den Parkplatz vor dem ehemaligen Bahnhof nehmen, Informationstafel zum Rundwanderweg | **Tipp** Der Gedenkstein für Walter Flury befindet sich oberhalb von Miécourt an der französisch-schweizerischen Grenze.

64 Die Bonbonmanufaktur

Aus Omas Bonbonglas

Schon einmal Bergamotte-Bonbons probiert? Der kleine Baum ähnelt einem Zitronengewächs. Ursprünglich aus Asien stammend wird er heute überwiegend im Mittelmeerraum angepflanzt, besonders in Süditalien wird von November bis Mai die gelbe Frucht geerntet. Die »Confiserie des Hautes Vosges« vertreibt die traditionellen »Bergamotes de Nancy«. Solche Bonbons wirken antiseptisch, krampflösend und sollen sogar die Stimmung aufhellen.

In dieser kleinen Manufaktur, wo die süßen Verführungen noch von Hand hergestellt werden, kann man die Zubereitung live erleben und darf auch probieren. An mehreren Stationen wird dem Besucher die laufende Produktion gezeigt. In großen Kupferkesseln wird Zucker mit Wasser und den jeweiligen Stoffen erhitzt, die so entstandene Masse wird auf speziellen Tischen ausgebreitet und abgekühlt. Die nicht mehr ganz heiße Zuckermasse wird mit einer Prägewalze in mundgerechte Stücke geformt. Fertig sind die Bonbons und können nun verpackt werden. Was so einfach klingt, basiert auf jahrzehntelanger Erfahrung und geduldiger Experimentierfreude der Familie Claudepierre. Mal bestimmt der Duft von Tanne den Produktionsraum, mal der von Himbeeren oder Eukalyptus.

Auf der Suche nach dem Geschmack von Omas Bonbonglas wird man hier fündig. Wie im früheren Original haben die Himbeer- und Brombeervariationen die Form der echten Frucht. Die »alten Kamellen« sind köstliche Hartkaramellen mit Milch und Kakao. Sogar die schwarzen »Briketts« gibt es in Miniform, echt mit dem Bergarbeiterzeichen der früheren Steinkohle-Originale. Aus 30 verschiedenen Sorten darf gewählt werden. Unterschiedliche ätherische Öle machen es möglich.

Der Geschmack von Mirabelle, Veilchen, Pinie, Tanne, Anis und vielen anderen kann so konserviert mit nach Hause genommen werden. Erinnerungen werden wachgehalten und gehen vom Gaumen direkt in die Sinne. Hmm.

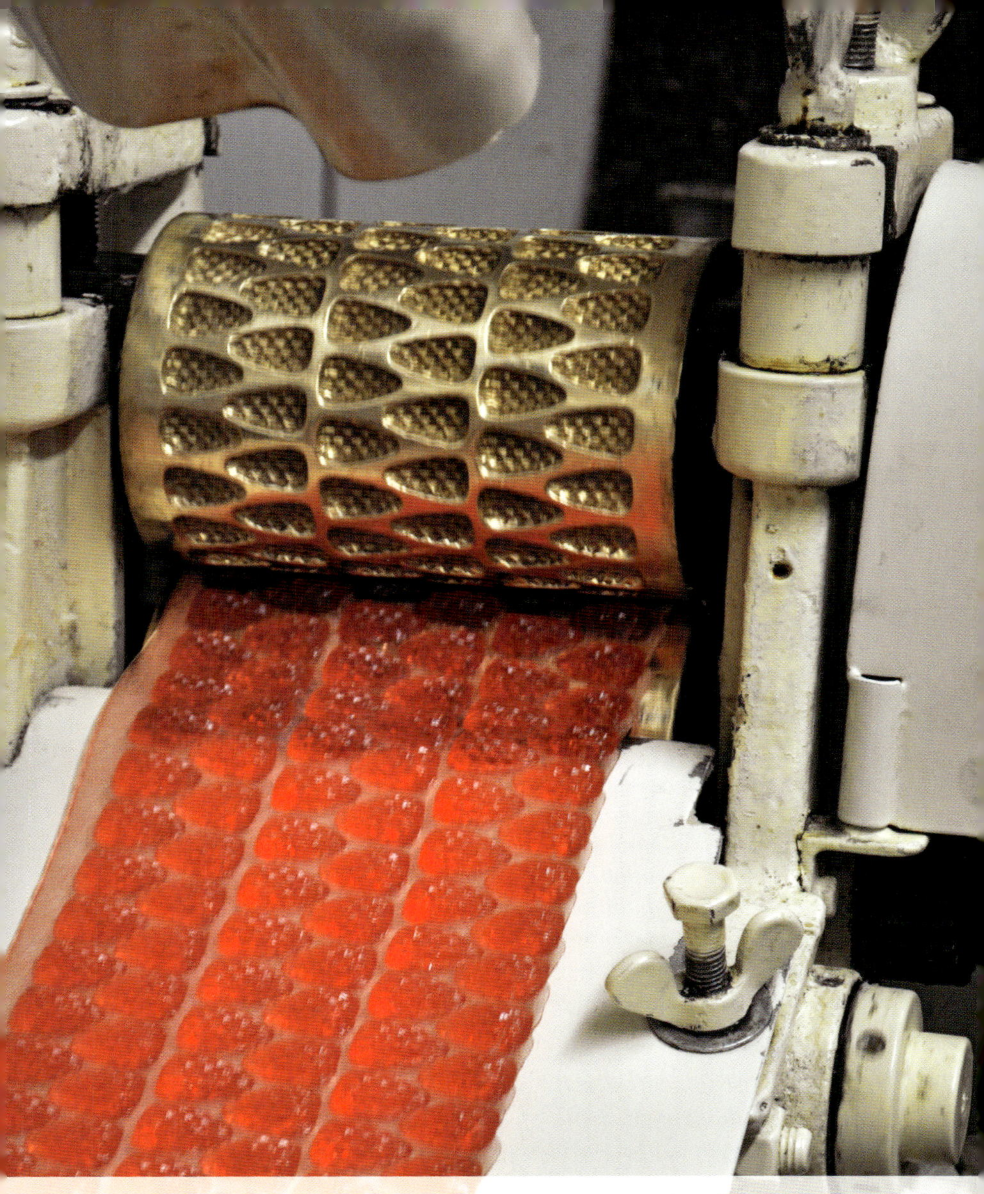

Adresse Confiserie des Hautes Vosges, 44 Habaurupt, 88230 Plainfaing | Anfahrt von Colmar auf die D 418 Richtung Ingersheim, dann auf die D 83 und gleich wieder links auf die D 415, hier geradeaus bis Plainfaing | Öffnungszeiten Besuch jeden Tag ohne Reservierung, 10–12 und 14–18 Uhr, So und Feiertage geschlossen, Reservierung für Gruppen unter Tel. 0329/504456 | Tipp Das außergewöhnliche Naturschutzgebiet Tanet-Gazon du Faing südlich von Plainfaing bietet eine Hochmoorlandschaft mit einer besonderen Vegetation auf 1160 bis 1310 Metern Höhe. Hier kann man Haselhuhn und Wanderfalken treffen.

65 Der Ort des Kougelhopf

Wer backt den besten?

Kougelhopf heißt er hier richtig, wenn die Elsässer über ihren traditionellen Kuchen sprechen. In fast allen Schaufenstern der Boulangerien, der Bäckereien, ist er zu finden, mal größer, mal kleiner, aber immer in der wohlbekannten Form. Und diese kommt angeblich aus weiter Ferne. Eine Legende erzählt, dass die Heiligen Drei Könige auf ihrem Weg von Bethlehem auch durch das Elsass kamen. In Ribeauvillé wurden sie besonders warmherzig aufgenommen. Als Dank schenkten sie den Bewohnern bei ihrer Abreise einen selbst gebackenen Kuchen. Und seine Form entsprach dem Aussehen ihres Turbans. Wundert es noch, dass das kleine Städtchen für sich das Alleinstellungsmerkmal dieses besonderen Gebäcks beansprucht?

Aus diesem Grund findet jeden zweiten Sonntag im Juni die »Fête du Kougelhopf« statt. Die Hausfrauen des Ortes beteiligen sich an einem Wettbewerb, der von einer ausgewählten Jury entschieden wird. Wer backt den besten? Mit Musik und Tanz wird gefeiert, und natürlich dürfen herzhafte Spezialitäten und guter Wein nicht fehlen.

Den leichten Sauerteigkuchen mit Hefe gibt es in verschiedenen Varianten. Süß mit Rosinen, am besten in Rum eingelegt, oder die herzhafte Variante mit Speck. Beides passt wunderbar zum Aperitif, darf aber auch gerne in herrlich cremigen Milchkaffee oder in heiße Schokolade getunkt werden. So kann das köstliche Gebäck zu jeder Tages- und Nachtzeit genossen werden.

Ursprünglich wurde der Gugelhupf in kleinen Kesseln oder Näpfen zubereitet. Heute wird er in der typischen Napfform aus Metall, Glas oder Silikon gebacken. Traditionell benutzt man im Elsass die bunt bemalte Keramikform mit der kaminartigen Öffnung in der Mitte. Denn das ist das Geheimnis des gleichmäßigen Backens. Kougelhopf oder Gougelhouf, man darf auch gerne Gugelhupf sagen. Die Elsässerinnen können es am besten. Testen wir ihn in Ribeauvillé – am Fest zu seinen Ehren.

Adresse 68150 Ribeauvillé | **Anfahrt** von Colmar auf die E 25, Ausfahrt Ribeauvillé, auf der D 106 bis Ribeauvillé | **Tipp** Am »Pfifferdaj«, dem Pfeifertag, dem größten und ältesten Folklorefest im Elsass, lebt das Mittelalter im Städtchen wieder auf. Am ersten Septemberwochenende erinnern ein großer Festumzug, Gaukler und Musikanten an alte Traditionen. Aus dem Pfeiferbrunnen fließt zu diesem Anlass kein Wasser, sondern Wein.

66 Féerie de Noël

Ostern geöffnet

Geschlossen ist das Geschäft an Weihnachten, geöffnet ist es an Ostern. Im Elsass ist der Heilige Abend genau wie bei uns am 24. Dezember. Denn hier gab es schon immer andere Bräuche als im übrigen Frankreich, wo man am 25. Dezember feiert.

Ein Kunstgewerbeladen mit Weihnachtsschmuck, der das ganze Jahr über geöffnet ist, muss das sein? Die Idee stammt vom deutschen Nachbarn aus Rothenburg ob der Tauber. Der Elsässer Bernhard Hannauer, Industriedesigner eines Textilunternehmens, entdeckte auf einer Geschäftsreise den Laden der Firma Käthe Wohlfahrt. Er fasste den Entschluss, auch den Elsässern das Vergnügen der traditionellen Weihnachtswelt zu bieten. Er konnte die Geschäftsleitung des Unternehmens überzeugen und begann 1995 mit dem Verkauf in Riquewihr, einem wichtigen Tourismusort an der Route du Vin. Die Einwohner des kleinen Städtchens waren anfangs ziemlich skeptisch, doch schon nach kurzer Zeit erweiterte der mutige Unternehmer seine Verkaufsfläche und baute seine Räumlichkeiten aus.

Es ist weihnachtlich-heimelig im Laden – und dies zu jeder Jahreszeit. Beim Anblick von Nussknackern, Weihnachtspyramiden, Spieluhren und Räuchermännchen werden Kindheitserinnnerungen wach. Das Geschäft ist das ganze Jahr über geöffnet, doch nicht jeder ist darauf erpicht, sich im Sommer bei 30 Grad Celsius Weihnachtsfreuden hinzugeben. Auch diesen Menschen kann geholfen werden. Ob als netter Arzt mit Stethoskop, freundliche Krankenschwester mit Häubchen, dicke Kellnerin mit Maßkrug oder cooler Biker mit seiner »Harley« – hier gibt es Räucherfiguren in vielen Varianten.

Kündigt sich im Freundeskreis zur Weihnachtszeit Nachwuchs an: Die Christbaumkugel »Baby's first Christmas« ist dafür das passende Geschenk. Oder nehmen wir lieber den Storch als Baumanhänger. Den kann man dann auch das ganze Jahr benutzen – und das Elsass lässt grüßen.

Adresse Féerie de Noël, 1 Rue du Cerf, 68340 Riquewihr, Tel. 0389/479402, www.feeriedenoel.fr | **Anfahrt** von Colmar D 418 nach Ingersheim, hier D 10 D und 1 B nach Beblenheim, dann links D 3 nach Riquewihr | **Öffnungszeiten** täglich 10–12.30 und 13.45–18 Uhr, Juli, Aug. durchgehend | **Tipp** Wer es jetzt noch ganz elsässisch liebt, geht die Hauptstraße hoch zum Musée Hansi. Das kleine Museum wurde vom Bruder von Jean-Jacques Waltz eingerichtet. www.ribeauville-riquewihr.com

67 Das Tapetenmuseum

Eine Bananenplantage im Wohnzimmer

Das Gebäude stammt aus der Zeit, als im Zuge der Reformation die Commanderie des Deutschherrenordens von Mulhouse in das nahe Rixheim verlegt wurde. 1738 war das für den Orden angemessene Gebäude fertiggestellt. Eines der imposantesten Bauwerke entstand so im Oberelsass. Schlicht und doch herrschaftlich präsentiert es sich in nüchternem Klassizismus. Schließlich sollte es dem religiösen Auftrag des Ordens entsprechen. Während der Französischen Revolution zogen die Kommandeure ab, und es folgte die Nutzung als Lager, Hospital und Gefängnis. Später kam die Commanderie in Privatbesitz, und schließlich erwarb Jean Zuber 1802 die alleinigen Anteile der vorher mit Hartmann Risler eingerichteten Tapetenfabrik. Für »Jean Zuber et Cie« begannen goldene Zeiten, ein weltweit anerkanntes Markenzeichen für Tapeten war geboren.

Auch als in den 1980er Jahren die Stadt Rixheim hier das Rathaus, das Hôtel de Ville, einrichtete, fand das Museum der Tapetenmanufaktur inklusive Bibliothek und Archiv noch ausreichend Platz. Ausgestellt wird die Geschichte der Tapete von Beginn der Manufaktur bis zur Mechanisierung der Tapetenindustrie.

Die Blütezeit lag in der zweiten Hälfte des 19. Jahrhunderts, als eine neue bürgerliche Elite aus der Industrie- und Finanzwirtschaft die luxuriöse Ausstattung der Kaiserhöfe imitieren wollte. Sie dauerte an, bis die Mechanisierung der Tapetenindustrie und die Herstellung von Nachbildungen wertvoller Materialien es allen sozialen Schichten möglich machte, Tapeten zu erschwinglichen Preisen zu kaufen.

Dass Tapete nicht einfach eine Wand bekleidet, lässt sich an den bezaubernden Panoramatapeten erleben. Jean Zubers Landschaftsdarstellungen zeugen von technischen Wunderwerken und Traumbildern. Ob die Niagarafälle, das Nilufer oder der Golf von Neapel im Hintergrund – so konnte man während der Teezeit im Salon von fernen Ländern träumen.

Adresse Musée du Papier Peint, 28 Rue Zuber, 68170 Rixheim, Tel. 0389/642456, www.museepapierpeint.org | Anfahrt von der A 5 auf die E 60 Richtung Mulhouse, A 35 Richtung Basel, hier die Ausfahrt Rixheim | Öffnungszeiten täglich 10–12 und 14–18 Uhr (außer Di), 2. Mai bis 31. Okt. täglich 10–12 und 14–18 Uhr | Tipp Im nahe gelegenen Ottmarsheim ist die romanische Abteikirche L'église Saint-Pierre-et-Saint-Paul aus dem 11. Jahrhundert die einzig erhaltene Kopie der Pfalzkapelle in Aachen. Sie gehört zu den bedeutendsten Baudenkmälern der Romanik. Ein wunderbarer Ort der Stille.

68 Das Verlorene Eck

Hinkelsteine oder geheime Rituale

Mitten im tiefen Wald liegt dieser Ort, und hier trifft zu: Nomen est omen.

Zwischen Heidenkopf und Teufelsgebirge liegt das Verlorene Eck, ein geheimnisvoller Platz. Auf wenigen Quadratmetern gibt es eine Anhäufung von großen Steinen, den sogenannten Megalithen. Das Seltsame ist: Die Steine sind nach keiner besonderen Anordnung platziert, eine astronomische Ausrichtung ist nicht nachweisbar. Auf den ersten Blick wirken diese Steinformationen mehrere tausend Jahre alt. Gräber, Kultplätze oder Orte für geheime Rituale?

Doch entgegen dem verbreiteten Glauben hat die Stelle keinen direkten Bezug zur Kultur der Kelten und der Druiden. Wahrscheinlich ist, dass die Steine aus einer Phase der Jungsteinzeit 3500 bis 2800 vor Christus stammen. Sie wurden jedoch nach einer Phantasievorstellung aus dem 20. Jahrhundert aufgerichtet. In den 1980er Jahren entwarfen Geobiologen und Wünschelrutengänger diese Formationen. Sie wollten zeigen, wie die Erdstrahlen genau durch diese Punkte die Erde umfließen. Die Anordnung der Steine bestimmt ein rätselhafter Plan. 30 Menhire, so nennt man die aufgerichteten großen Steine, sind in einer Art Kreisbogen mit drei Steintischen angeordnet. An einer anderen Stelle umgeben sieben Menhire den achten liegenden Stein. Dort formen etwa 20 Menhire und zwei Steintische ein Hufeisen. Fast könnte man meinen, man steht vor einem Bilderrätsel, das bis heute noch nicht aufgelöst wurde.

Eines ist sicher, Asterix und Obelix brauchen hierbei nicht in die Überlegungen mit eingeschlossen werden. Im weitesten Sinne handelt es sich um einen »Neo-Druiden-Stil« des 20. Jahrhunderts. Mehrere tausend Jahre alte Steine wurden hier in neuzeitlicher Anordnung platziert.

Wer gerne Rätsel löst, hat hier eine harte Nuss zu knacken. Entweder er lässt seiner Phantasie freien Lauf – oder er lehnt sich entspannt zurück und spürt zufrieden den Erdstrahlen nach.

Adresse 67560 Rosheim | Anfahrt von Straßburg A 35/A 4 Illkirch-Grafenstaden, auf N 4/A 352, Ausfahrt 11 B in Richtung Colmar/Obernai, Ausfahrt D 35 | Tipp An der Außenfassade der romanischen Kirche St. Peter und Paul in Rosheim befinden sich viele Steinskulpturen, im Innern steht eine Silbermann-Orgel.

69 Der Safran du Vignoble

Crocus sativus linnaeus

Erst kam der Zufall, dann wurde der Safran zur Familiensache erklärt. Madame Fessler war auf dem Weg zum Bäcker, als ihr eine Anzeige auffiel: Helfer zur Safranernte gesucht.

Aus der Helferin wurde eine eigenständige Unternehmerin in Sachen Safran im Elsass. Der Vorbesitzer der Safranfarm fasste Vertrauen zu der gelernten Winzerin mit eigenem Weingut und wies sie in die Geheimnisse des Safrananbaus ein.

Die Wachstumszyklen von Wein und Safrankrokus ergänzen sich gut. Ende Oktober, wenn die Weinlese im eigenen Winzerhof fast beendet ist, kann im Frühnebel die Krokusernte beginnen. Die wunderbaren Krokusblüten werden am Fuß des Weinbergs gepflückt, und die drei empfindlichen Stempelfäden müssen per Hand innerhalb weniger Stunden danach herausgelöst werden. Die Trocknung erfolgt vor Licht und Luft geschützt, am Ende entsteht das einzigartige Gewürz. 150 bis 200 Blüten werden für ein Gramm benötigt. Das Gewicht der Blüte und die Trocknung bestimmen die Qualität.

Vor 4.000 Jahren wurde die mehrjährige Zwiebelpflanze in Kaschmir und Persien kultiviert. Die Kreuzritter brachten das kostbare rote Gold mit dem leistungsstarken Farbstoff und unnachahmlichen Aroma nach Frankreich. Benutzt wurde und wird es noch heute in der Medizin, zum Kochen und Färben. Beim Umgang mit Safran in der Küche ist größte Sorgfalt geboten. Die getrockneten zarten Blütenstempel müssen in kleinen Mengen heißer oder kalter Flüssigkeit mindestens sechs Stunden ziehen. 45 Stück getrockneter Stempel wiegen 0,1 Gramm und reichen für ein Gericht für vier bis sechs Personen.

Abnehmer sind heute anspruchsvolle Gastronomen und Feinkostgeschäfte in der Region. Die »Crème de Safran« ist ein Highlight von Madame Fessler. Hier begegnen sich Wein und Safran auf wundervolle Weise. In der griechischen Mythologie schläft der Göttervater Zeus in einem Bett aus Safran. Was für ein Luxus!

Adresse Le Safran du Vignoble, Marie-Paule Fessler, 34 Route du Vin, 68590 Saint Hippolyte, Tel. 0389/730986, www.lesafranduvignoble.fr | Anfahrt von Colmar auf der E 25 Richtung Selestat, Ausfahrt Saint Hippolyte | Tipp Das Dorf liegt an der Zufahrtsstraße zur Hochkönigsburg, die einen Besuch wert ist. www.haut-koenigsbourg.fr/de/

70__Der Fernet-Branca

Der Adler fliegt noch immer

Ein geheimes Familienrezept aus 40 Kräutern und Gewürzen, mehr wissen wir nicht. Vielleicht schmeckt der eine oder andere Holunderblüten, Enzian, Kamille oder Myrrhe heraus. Doch dieser Bitter lässt sich nicht nachahmen, der Geschmack ist würzig, natürlich und einzigartig.

Die Fratelli Branca Distillerie S.r.L. produziert ihn heute ausschließlich in Mailand, doch das war nicht immer so. Die Ursprünge liegen in der Nähe von Basel an der Schweizer Grenze. 1907 erteilte der Bürgermeister des elsässischen Saint-Louis die Baugenehmigung für ein Gebäude, 50 Meter lang, gelegen an der Bahnlinie. Zwei Jahre später nahm der Brennereibetrieb seine Produktion auf. Der Digestif aus ausgewählten Pflanzen erhielt seinen Namen von Dr. Fernet, einem Arzt und Botaniker, und der italienischen Unternehmerfamilie Branca. Das vorher aus den getrockneten Kräutern hergestellte Pulver wurde als Likör verflüssigt und im Keller des Gebäudes in riesigen Eichenfässern gelagert. Diese wurden direkt vor Ort hergestellt. Man begann mit circa 300.000 Flaschen im Jahr.

Der Firmensitz befindet sich noch heute in Mailand, die Dependance in der kleinen Grenzstadt wurde im Jahr 2000 aufgegeben. Nun schlummert dort nicht mehr der geheimnisvolle Fernet, die Räumlichkeiten haben sich für zeitgenössische Kunst geöffnet. Im Keller begegnen sich moderne Kunst und riesige alte Fässer. Beides wird dort zusammen gelungen inszeniert. Die ehemalige Spirituosenfabrik bietet ihre großen Hallen für wechselnde Ausstellungen an. Dabei pflegt man einen regen Austausch und grenzüberschreitende interkulturelle Zusammenarbeit mit dem deutschen Vitra-Design-Museum in Weil am Rhein, der Fondation Beyeler in Riehen und dem Tinguely-Museum in Basel.

Doch noch immer breitet auf dem Dach der große Adler, als Firmenmarkenzeichen, seine Flügel aus, die Flasche mit dem weltweit bekannten Kräuterlikör fest in den Krallen.

Adresse Espace d'Art Contemporain Fernet Branca, 2 Rue du Ballon, 68300 Saint-Louis, Tel. 0389/691077, www.fondationfernet-branca.org | **Anfahrt** A 5 bis Ausfahrt Weil am Rhein / Hüningen, dann auf B 532, D 105 und D 469 bis Saint-Louis | **Öffnungszeiten** Mi – So 13 – 18 Uhr | **Tipp** In Huningue verbindet die Dreiländerbrücke über den Rhein seit 2007 Huningue mit der deutschen Stadt Weil am Rhein. Sie ist die weltweit längste Bogenbrücke nur für Fußgänger und Radfahrer. Sie wurde von dem heute in Paris lebenden österreichischen Architekten Dietmar Feichtinger entworfen.

71__Die Lachszucht

500.000 Eier in der Brutanlage

Die ehemalige Anlage der kaiserlichen Fischzucht ist als erste industrielle Fischzucht in Europa Kaiser Napoleon III. zu verdanken.

Im Jahr 1850, als der Nahrungsbedarf der ansteigenden Bevölkerung durch die Industrialisierung wuchs, konnte der Flussfisch nicht immer die benötigte Nahrung liefern. Sogar der Lachs, der früher noch als Brotfisch, als Alltagsfisch gegessen wurde, reichte nicht mehr aus. Die Vermehrung des Fisches musste wieder beschleunigt werden, und so wurde ein Professor aus Paris damit beauftragt, in Sachen Besamung von Fischeiern und Züchtung von Lachsen zu forschen. Es entstand eine große Anlage, sechs Männer mussten Tag und Nacht in verschiedenen Schichten die Brutapparate befeuchten. Der Erfolg dieser Methode war so groß, dass die Fischeier kostenlos in Frankreich verteilt und im Ausland verkauft wurden. 6 Millionen Jungfische wurden auf diese Weise herangezogen. Die Anlage aus dieser Zeit ist heute noch zu sehen.

1950 war der Lachs im Rhein aufgrund der Rheinkanalisierung und der Rheinverschmutzung ausgestorben. Nach dem katastrophalen Chemieunfall 1986 bei Basel wurde das Wanderfischprojekt »Lachs 2000« ins Leben gerufen. Die Lachszucht wurde wieder aufgenommen. Die Fische verbringen hier ihre »Kindheit« und werden im Reisealter im Rhein und seinen Nebenflüssen ausgesetzt, nachdem sie zum Zweck der Wiedererkennung markiert worden sind. Spannend ist eine »Lachspatenschaft«. Beim Aussetzen ist man dann dabei – ein großes Fest!

Die Forschungsstation Petite Camargue Alsacienne ist der Universität Basel angegliedert und wird von einem französisch-schweizerischen Pachtverein und der »Association Suisse Pro Petite Camargue Alsacienne« unterstützt. Die Zuchtgebäude werden durch ein Naturschutzhaus und zwei Ausstellungsräume ergänzt. Hier wird über die Geschichte des Rheins sowie die ehemalige und die moderne Lachszucht informiert.

Adresse Petite Camargue Alsacienne, 1 Rue de la Pisciculture, 68300 Saint-Louis, Tel. 0389/897850, www.petitecamarguealsacienne.com | **Anfahrt** A 5 bis Ausfahrt Weil am Rhein/Hüningen, dann über B 532, D 105 und D 469 bis Saint-Louis, parken entweder beim Sportplatz (Stade de l'Au) oder beim Schleusenhaus | **Tipp** Ein Ausflug in die kleine Camargue – 150 Vogelarten und 40 Libellenarten sind hier gezählt worden.

72 Das Schiffshebewerk

Schiffe auf Schienen

Der Schrägaufzug, der die Schleusen ersetzt, ist einzigartig in Europa. 17 Schleusenwärter sollten mit dem Bau des Schiffshebewerks eingespart werden, denn so viele Schleusen waren auf der Steigung des Rhein-Marne-Kanals an dieser Stelle vorhanden. Entlang des Teigelbachtals fuhren in erster Linie Lastkähne, und für diese war die frühere mehrstufige Schleusentreppe bei Arzviller ein unliebsames Abenteuer. Nur sehr bewährte Kapitäne konnten diese Strecke befahren.

Die Entscheidung für ein einziges Bauwerk, das alle Treppen ersetzen sollte, fiel 1962. Sieben Jahre später war es dann so weit. Ein Hebewerk nach dem Prinzip eines Aufzugs löste nun die vorherigen vier Kilometer Schleusenbereich ab und konnte den betrieblichen Schiffsverkehr buchstäblich entlasten. Vom Zorntal aus wurde ein Höhenunterschied von fast 45 Metern in vier Minuten bis Arzviller überwunden. Die angewandte Technik ist bewundernswert. Eine große, mit Wasser gefüllte Wanne, 41,50 Meter lang, wird mit einem Schrägaufzug auf Schienen über ein Gefälle von 41 Prozent nach oben gezogen. Seile, Gewichte und zwei Elektromotoren helfen dabei. Die Schiffe fuhren nach vier Minuten an Tal- und Bergstation herein und heraus. Doch schon bald wurden die zu transportierenden Güter vom Schiff auf Straße und Schiene verlegt, sodass ein zweites geplantes Hebewerk nie gebaut wurde.

Bis 2014 diente die außergewöhnliche Anlage privaten Ausflugs- und Touristenbooten, in denen die Technik und Geschichte des Hebewerks erklärt wurden. In manchen Jahren beförderte der Aufzug bis zu 140.000 Besucher von Frühjahr bis Herbst. Seit Kurzem ist die Anlage wegen eines technischen Defekts auf unbestimmte Zeit außer Betrieb.

Es ist zu wünschen, dass der spektakuläre Lift wieder in Funktion gebracht wird. Bis dahin bleibt das Schiffshebewerk als Museum zu besichtigen. Auch das lohnt sich allemal.

Adresse Route du Plan Incliné, 57820 Saint-Louis/Arzviller, Tel. 0387/253069, www.plan-incline.com | **Anfahrt** von Hagenau die N 340, E 25 Richtung Saverne, D 604 Phalsbourg, D 38 Lutzelbourg, D 98 Saint-Louis/Arzviller | **Öffnungszeiten** variabel, bitte auf der Homepage gucken | **Tipp** Das Museumsschiff »Sophie-Marie« direkt vor Ort zeigt eine Binnenschifferwohnung aus der Zeit, als die Frachtschiffe hier noch verkehrten.

73 La Tour Chappe

Der Urahn des Internets

Wer kennt das nicht? Schnell mal im Supermarkt das Smartphone aus der Tasche, Schatz, hier gibt es gerade reife Avocados im Sonderangebot, soll ich welche mitbringen?

Claude Chappe hat seine Idee zwei Jahre lang sorgfältig ausgearbeitet. Zuerst versuchte er es mit faltbaren Flügeln, dann entwickelte er eine Konstruktion mit mehreren großen und kleinen Schwenkarmen, die durch unterschiedliche Stellungen 98 Kombinationen und Zeichen herstellen konnten.

Der erste mechanische Telegraf, der erste Fernschreiber war geboren. Etwa alle 25 Kilometer wurde ein Turm errichtet, in dem jeweils ein Operateur arbeitete. Dieser bewegte die Schwenkarme beim Versenden und konnte mit Hilfe einer sehr starken Brille die Meldesignale des anderen aufnehmen.

Mit einer Übertragungsgeschwindigkeit von 36 Zeichen in 32 Minuten von der Station des Absenders zur Station des Empfängers wurde die Nachrichtenvermittlung jetzt wesentlich schneller als die Überbringung zu Pferd. Nur bei Nacht oder bei Nebel konnte keine Übertragung stattfinden – man sah die Schwenkarme nicht.

1794 wurde die erste Linie zwischen Paris und Lille eingerichtet. Das Kommunikationssystem war so erfolgreich, dass man vier Jahre später die zweite Linie von Paris nach Straßburg installierte. Das viel genutzte Kommunikationssystem verschwand, als Samuel Finley Breese Morse 1843 den elektrischen Telegrafen erfand.

Aufgrund der technischen Entwicklung verfielen der Telegrafenturm und das Häuschen des Personals. Dem Verein »Die Freunde der Geschichte des PTT des Elsass« ist zu verdanken, dass der Turm 1968 am Originalplatz wieder aufgebaut wurde. Ein kleines Museum, welches bildhaft die Geschichte des Telegrafen von Chappe vor Augen führt, ist eingerichtet. Sogar eine Brille steht zur Verfügung, um die nächstliegende Station Kochersberg zu sehen.

Ups, noch ein Sonderangebot. Diesmal entscheide ich allein.

Adresse La Tour du Télégraphe Chappe Château du Haut-Barr, 67700 Saverne, Tel. 0388/529899 | **Anfahrt** von Straßburg auf die D 1004, über Wasselonne in Richtung Saverne | **Öffnungszeiten** von Juni bis Mitte September täglich 13–18 Uhr, außer Mo | **Tipp** Der Rosengarten in der westlichen Innenstadt von Saverne beherbergt 450 unterschiedliche Rosenarten, Blütezeit Mitte Juni bis September.

74__Das Mémorial

Ein Ort der Hoffnung

Unten liegt das Vallée de la Bruche, oben das außergewöhnliche Gebäude mit der besonderen Architektur. Der Weg läuft in Mäandern den Hang entlang. Zeit zum Nachdenken – über die Menschen, die zwischen 1871 und 1945 vier Mal ihre Nationalität wechseln mussten.

Oben angekommen führt eine Treppe von der weiß verglasten Eingangshalle ins Dunkle, hinein in den Berg. Ein szenisch gestalteter Rundgang führt durch die Geschichte von Elsass-Lothringen von 1870 bis zur Gegenwart. Das Schicksal der Menschen in dem besonders schwer betroffenen Grenzgebiet wird mit Dokumenten, Filmausschnitten sowie persönlichen Zeugnissen erlebbar gemacht. Im ersten, 12 Meter hohen Raum schauen 148 Elsässer und Lothringer von den Wänden herunter. Die Audioführung verleiht den Bildern Stimmen, französisch, deutsch und elsässisch – ein Sprachengemisch.

Dann der Bahnhof einer kleinen Stadt, Aufrufe zur Evakuierung. 430.000 Elsässer und Moselaner brachen nach Südwestfrankreich auf. Das Innere einer Festung der Maginot-Linie: Die Wände sind weiß, elektrische Leitungen, im Boden Schienen, Brandschutztüren. Der Besatzungszeit folgt der Anschluss an das Dritte Reich. Straßenschilder auf Französisch, dann Deutsch, blau-weiß-rote Fahnen werden zu rot-weiß-schwarzen mit Hakenkreuz. Es folgen Germanisierung, Zwangswehrdienst, das KZ Struthof. Widerstand und Résistance bekommen einen eigenen Raum. 3,50 Meter über dem Boden geht man über eine Brücke, unten die zerstörte Stadt, am Himmel die Bomber. Die Alliierten sind nahe. Im nächsten Raum herrscht Frieden, unzählige Schubladen enthalten Akten über Kriegsverbrecher.

Aufatmen im letzten Raum. Die deutsch-französische Versöhnung und der Aufbau von Europa werden durch helle Lichtpunkte symbolisiert. Zurück in der Eingangshalle zieht es einen hinaus auf den Vorplatz. Der Blick auf das Vogesenmassiv wird weit – das KZ Struthof ist zu sehen.

Adresse Mémorial de l'Alsace-Moselle, 67130 Schirmeck, Tel. 0388/474550, www.memorial-alsace-moselle.com | **Anfahrt** von Straßburg A 35, A 352, bei Mutzig D 1420 nach Schirmeck | **Öffnungszeiten** Di–So 10–18.30 Uhr | **Tipp** Als höchste Erhebung der Mittelvogesen und des Unterelsass ist der »Champ du Feu« wegen seiner guten Sichtbedingungen bei Amateurastronomen beliebt.

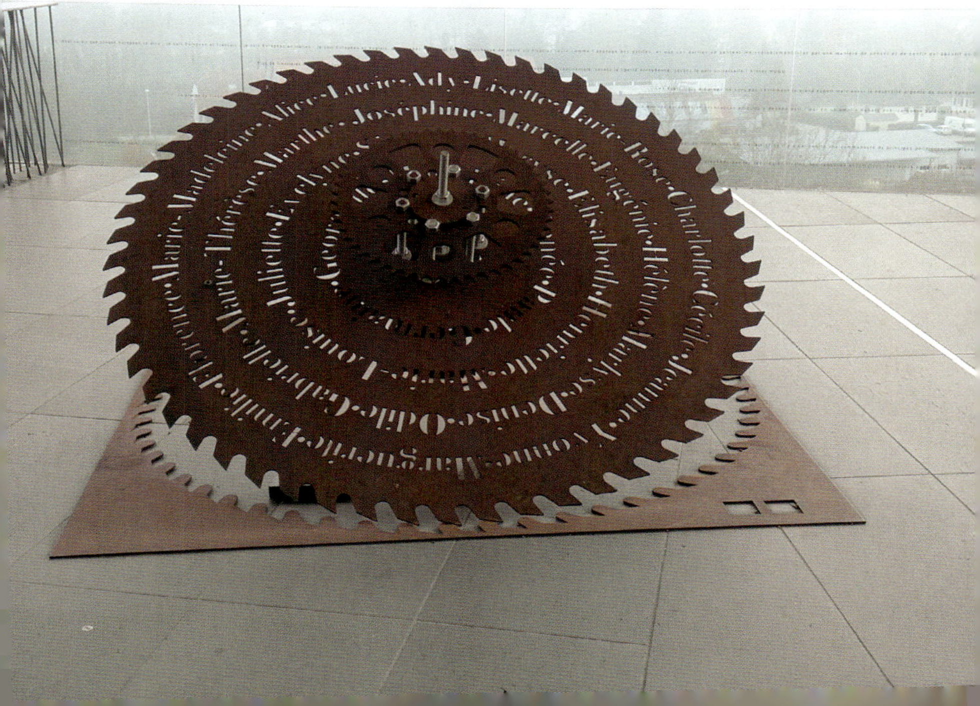

75 Alsace Canoes

Ein bisschen Kanada im Elsass

Fährt man von Marckolsheim Richtung Sélestat, fällt zuerst die fest installierte Radarkontrolle in den Blick. Wenn nicht, bleibt wenig Zeit, um sich vom plötzlichen Kontrollblitz zu erholen. Die alte Mühle liegt mitten im flachen Land, direkt hinter dem Rhein-Rhône-Kanal. Und das ist gut so, denn die verbliebenen kleinen Flüsschen, welche sich durch dieses Gebiet schlängeln, sind ein Paradies für Kanufahrer.

Beim Parkplatz ausgestiegen, nähert man sich zu Fuß dem alten Gemäuer, und schon ist man mittendrin. Über die Mittagszeit trifft man das nette, sympathische Team beim leckeren Essen, wie es in Frankreich immer noch Brauch ist. Die Begrüßung ist herzlich, und auch wenn man nur mal schauen will, ist man gern gesehen.

Die Anlegestelle ist groß, und immer wieder landen Kanufahrer für eine kleine Rast im netten Restaurant. Abends kommen die Bootsfahrer zur Übernachtung in eigenen Zelten, um dann am nächsten Tag ihre Tour Richtung Norden fortzusetzen. Es ist gemütlich, und das Wasser ist ganz nah. Wenn noch etwas für die Ausrüstung fehlt: ein besseres Paddel oder der Ersatz für die vergessene Regenjacke – im Laden in der großen Scheune gibt es alles.

Oder man bleibt an diesem schönen Ort und unternimmt eine Tagestour, um dann am Abend im kanadischen Blockhaus zu schlafen. Vorher kann man entspannte Stunden am prasselnden Lagerfeuer verbringen. Warme Duschen und Kühlschrank sind inklusive, und wer will, kann am Morgen ein Frühstück bekommen. Ist das noch zu wenig, dann heißt es, eine Tour direkt zum Yukon buchen, ins echte Kanada. Auch das bekommt man hier.

Und für die anderen, die Kanu und Kajak nur von Karl May her kennen: Einfach mal von der Hauptstraße abfahren, einen kleinen Stopp einlegen und nach ein paar Minuten in eine andere Welt eintauchen. Sie wären nicht die Ersten, die danach einen Kanukurs buchen.

Adresse Moulin de la Chapelle, Route de Marckolsheim, 67600 Sélestat, www.alsace-canoes.com, info@alsace-canoes.com | Anfahrt von Marckolsheim D 424 nach Sélestat, nach circa 3 Kilometern und 300 Meter nach der Radarkontrolle links die Einfahrt zu »Alsace Canoes« | Tipp Von Marckolsheim führt der »EuroVelo 15« am Rhein-Rhône-Kanal entlang. Auf dem Fahrradweg bis nach Straßburg kommt man an etwa 20 Schleusen vorbei.

76 Die Bibliothek

Die erste Erwähnung des Weihnachtsbaums

Das Elsass gilt als Wiege des Weihnachtsbaums, und in der Humanistischen Bibliothek, einem ehemaligen Getreidespeicher in der Altstadt von Sélestat, kann der Beweis dafür besichtigt werden. Die Bibliothek gehört zu den ältesten im Elsass und erhöht ihren Stellenwert in Europa durch ihren Bestand, der über die Jahrhunderte nie auseinandergerissen wurde.

Unter alten Büchern und Schriften befindet sich die erste Erwähnung des Verkaufs von Tannenbäumen, und damit halten die Schlettstädter nicht hinterm Berg. So verkünden sie um die Weihnachtszeit auf beleuchteten Girlanden stolz die Jahreszahl dieser weit zurückliegenden Errungenschaft: Laut Rechnungsbuch von 1521 sollten die Förster, die auf die »Meyen« (die Weihnachtsbäume) im Gemeindewald aufpassten, vier Schillinge erhalten.

Im Mittelalter wurden die mit roten Äpfeln geschmückten Weihnachtsbäume vorerst im Chorraum der Kirche aufgestellt. Als eine Parallele zu den verbotenen Früchten im Paradies könnte dies in die Zeit passen, zumal später nicht geweihte Hostien als Zeichen der Erlösung hinzugehängt wurden. Dann schmückte man das eigene Haus mit Tannenzweigen, welche später immer üppiger wurden und irgendwann als Weihnachtsbaum an der Decke hingen. Gesellschaft bekamen die roten Äpfel im 16. Jahrhundert von bunten Papierrosen und dünnen Blättchen aus Messingblech, im 18. und 19. Jahrhundert von vergoldeten und versilberten Nüssen sowie den selbst gebackenen »Bredle«. Als im Jahr 1858 die Apfelernte recht mager ausfiel, erfand ein sinniger Glasbläser die Christbaumkugel. Die Elsässer waren nach dem Deutsch-Französischen Krieg 1871 maßgeblich für die Verbreitung der Tradition verantwortlich, jede elsässische Familie im deutschen Reichsland sollte einen Baum haben.

Von Ende November bis Anfang Januar werden geschmückte Weihnachtsbäume in der Kirche St. Georges ausgestellt – natürlich von der Decke herabhängend.

Adresse 1 Rue de la Bibliothèque, 67600 Sélestat, Tel. 0388/580720 | Anfahrt A 5 bis Ausfahrt 59-Riegel, auf L 113 über Wyhl, auf D 424 über Marckolsheim nach Sélestat | Öffnungszeiten Mo–Sa 9–12 Uhr, Di geschlossen, Juli, Aug. 14–17 Uhr | Tipp In einer Kapelle des Gymnasiums der Gemeinde Hagenau veranschaulicht ein Fresko die Abbildung eines zweigeteilten Baumes. Auf der einen Seite sind die Äpfel abgebildet, auf der anderen Seite die Hostien.

77_Das Haus des Brots

Ein Lob den Bäckern

Nun weiß man ja, dass Choucroute oder Sauerkraut zu den Elsässer Spezialitäten gehört. Aber ein Sauerkrautbrötchen haben sicher die wenigsten schon gegessen. Es schmeckt saftig, herzhaft und wirklich nach Sauerkraut. Am besten ist es mit Butter, Wurst, Käse oder Schinken zu genießen, aber bitte nicht mit Marmelade. In der Backstube riecht es mal würzig und mal süß. Von Brot mit Oliven, Basilikum und Mais führt der Weg zur Variante mit Pflaumen, Birnen oder Datteln. Aber dies ist nur ein kleines Beispiel der verschiedenen Brot-, Brötchen- und Gebäcksorten. Vor Weihnachten gibt es die »Bredle«, die elsässischen Plätzchen. Elsässisches Spritzgebäck, Anisplätzchen oder »Orangenbredle«, für jeden ist etwas dabei.

Das alte Haus von 1522 ist wie geschaffen für ein Brotmuseum. Früher diente es der Bäckerzunft als Versammlungsort. Heute im Besitz der Stadt, unterstützt diese die Idee des Museums. Die Vorarbeit hatte schon die Bäckerinnung von Sélestat geleistet, als die Mitglieder aus Anlass des Innungsjubiläums viele alte Geräte und Maschinen zusammentrugen. Ein Museumsverein, die »Association de la Maison du Pain d'Alsace«, wurde gegründet, das Haus wurde umgebaut, und heute wird auf drei Etagen das Handwerk des Bäckers illustriert. Mit großem Engagement kümmern sich die Mitglieder um die Darstellung der Geschichte des Brotes, aber auch um die Herstellung der Backwaren heute. Die Backstube kann besichtigt werden. Der Duft der frisch gebackenen Teigwaren und der über 30 Sorten elsässischer Brotspezialitäten steigt auch noch in der kleinen Maschinenausstellung in den oberen Stockwerken in die Nase. Unverfälscht und echt.

1522 hatte hier der Backofen der Bäckerinnung seinen Platz. Heute wird ein gelungenes Zusammenspiel präsentiert, geistige Nahrung für den Wissensdurst und Duft und Geschmack für die Sinne – alles in einem Haus mit historischem Hintergrund.

Adresse La Maison du Pain, 7 Rue du Sel, 67600 Sélestat, Tel. 0388/584590, www.maisondupain.org | **Anfahrt** A 5 bis Ausfahrt 59-Riegel, auf L 113, auf D 424 über Marckolsheim nach Sélestat. Vom Place du Maréchal de Lattre de Tassigny geht die Rue de la Grande Boucherie ab. Sie geht über in die Rue du Sel. | **Öffnungszeiten** Di–So 9.30–12.30 und 14–18 Uhr, 1. Jan., 1. Mai, 2. Nov., 25., 26. Dez. geschlossen | **Tipp** In der »Pâtisserie Gross« in Sélestat, 1 Place de la Victoire, gibt es die besten Baisers weit und breit. Hier heißen sie »macarons«.

78 Der Regionalfonds

Gegen die Zentralisierung

»Frac alsace« – das ist der »Fonds Régional d'Art Contemporain Alsace«. So steht es in großen Lettern vor dem Gebäude. Von Weitem sind die roten, aufeinanderstehenden Fässer schon zu sehen. Dies ist keine herkömmliche Kunstausstellung.

Ein lichtdurchfluteter, offener Eingangsbereich empfängt den Besucher, der das helle Gebäude mit dem trapezförmigen Grundriss betritt. Eine große Theke bietet Informationsmaterial zu Ausstellungen und Projekten verschiedener Kunstrichtungen in der Region an. Auf jede Frage bekommt man eine fachkundige Antwort, und die Begeisterung für dieses Projekt ist den hier beschäftigten Mitarbeitern vom Gesicht abzulesen. Drei bis vier Ausstellungen finden hier jährlich statt.

1982, in einer Zeit, als man neue Wege suchte, die regionale Kunstszene zu unterstützen, beschlossen das Ministerium für Kultur und Kommunikation (DRAC Alsace) und der Conseil régional d'Alsace, der elsässische Regionalrat, eine Initiative zu bilden, um Künstler der Region zu fördern. Die Spannbreite der geförderten Projekte reicht von darstellender Kunst über Film bis hin zu bildender Kunst.

Das 1995 gebaute große Gebäude lädt regionale Künstler ein, in den großen Räumen ihre Werke zu zeigen. Hier wird der Dialog zwischen den Akteuren und den Kulturverantwortlichen innerhalb der Region und auch nach außen gelebt. Ein Kunstprojekt wie dieses versinnbildlicht die Idee: Im kleinen Innenhof wächst Wein. Die Weinstöcke stammen aus der Nähe von Bordeaux. Die Trauben sind schon geerntet, der Wein ist kurz vor der Vollendung. In einigen Wochen soll zusammen getestet werden, wie und warum dieses Traubenelixier anders schmeckt als in seiner Heimat. Eine Vernissage lädt dazu ein, der Künstler ist anwesend, und jeder darf probieren. Kommentare sind erwünscht. Was dabei herauskommt, ist keine Gourmet-Verkostung, sondern schlicht und einfach – Kunst.

Adresse 1 Route de Marckolsheim, 67600 Sélestat, Tel. 0388/588755, www.culture-alsace.org/art-contemporain | **Anfahrt** A 5 bis Ausfahrt 59-Riegel, auf L 113 über Wyhl, auf D 424 über Marckolsheim nach Sélestat, rechts auf die D 159, hier kommt man direkt zum FRAC | **Tipp** Am 8. August findet in Sélestat der »Corso Fleuri«, der Blumencorso, statt. Künstler, Musiker und Folkloregruppen verwandeln die Stadt, und mit Dahlien geschmückte Wagen fahren bei einem Tages- und einem Nachtumzug durch die Straßen.

79__Der Stadtrundgang

Hoppla, Augen auf!

Man kann auch ab und an mit gesenktem Blick durch die Stadt gehen. Und diese Tour macht Spaß! Die in das Pflaster und den Asphalt eingelassenen Zeichen aus polierter Bronze zeigen den Weg von einer Sehenswürdigkeit zur anderen. Und diese reichen von der Stiftskirche St. Fides über die städtische Badeanstalt, die Mediathek, den Hexenturm bis zum Gerberviertel. Ausführliche Informationen zu den 24 Stationen lassen sich in dem sehr ansprechenden Begleitheft zur Stadterkundung finden. In eine gut aufgemachte Geschichte verpackt gibt es dieses gratis bei der Tourist-Information der Stadt.

Man kann wählen oder sich leiten lassen. Ob man einfach nur den Pfeilen oder der nachempfundenen Löwentatze folgen möchte oder an den Stationen verweilt, alles ist machbar. Das Zeichen »Fotoapparat« zeigt die schönsten Foto-Standorte, eine »Bank« verweist auf einen Zwischenstopp. Geführt wird man vom Riesen Schletto und einem Löwen, der aus der Gründungssage und dem Stadtwappen entsprungen ist.

Man erfährt zum Beispiel, dass den jährlich stattfindenden Blumenkorso 500.000 Dahlien schmücken, dass Karl der Große 775 nach Christus bei seiner Durchreise Station an der Stelle der Pfarrkirche St. Georg gemacht hat, und dass man in der Stiftskirche St. Fides »die schöne Unbekannte von Schlettstadt« bewundern kann. Früher thronte auf der Kuppel des Wasserturms ein Adler als Symbol für das Deutsche Reich. Nach dem Ersten Weltkrieg, der Rückkehr des Elsass zu Frankreich, ließ man ihn durch einen Hahn ersetzen. 1940 wurde auch dieser entfernt. Seither blieb der Platz leer. Der Blick schweift umher, die Stadt wird leibhaftig erkundet. Schön, dass die Tourismus-Verantwortlichen bei ihrem Konzept an alle gedacht haben. Wem die zwei Stunden zu reichhaltig sind und die 2,8 Kilometer Gesamtstrecke zu lang, der kann den selbstständigen Stadtrundgang auf eine Stunde verkürzen. Auch dies mit Plan.

Adresse Sélestat Haut-Koenigsbourg Tourisme – Verkehrsamt, 10 Boulevard de Général Leclerc, 67600 Sélestat, Tel. 0388/588720 | **Anfahrt** A 5 bis Ausfahrt 59-Riegel, auf L 113 über Wyhl, auf D 424 über Marckolsheim nach Sélestat | **Tipp** Im Dahliengarten kann man mitten in der Stadt die Stille genießen. Im Sommer natürlich umgeben von Dahlien und im Winter von verschiedenen Tannenarten, dann heißt er Tannengarten.

80 Die Poterie Friedmann

Das Privileg von Barbarossa

Dies ist eine Familientöpferei in der siebten Generation und einer von vier Handwerksbetrieben in Soufflenheim, die den Ton aus der Umgebung nutzen. Das ist nicht selbstverständlich, denn der hohe Sandgehalt des Rohstoffs aus dem Hagenauer Forst zerstört die Gipsformen, die für die Produktion nötig sind, wesentlich schneller als anderer Ton. Doch die Vorteile überwiegen.

Die besondere Zusammensetzung des hier abgebauten Tons ergibt ein perfektes Endergebnis, das der Hitze trotzt und deshalb für Back- und Ofenformen besonders gut geeignet ist.

Die vier Töpfereien betreiben zusammen eine Tongrube in Ortsnähe, und sie schwören auf die überaus bruchfeste Qualität der Soufflenheimer Ware. Da werden Baeckeoffeterrinen und Gougelhopfformen, Bols für den Milchkaffee und Salatschalen in den typischen Farben und Dekoren gefertigt. Die ganze Familie hilft mit. Sabine Pfister ist gelernte Töpferin, ihr Mann Joseph leitet die Organisation, die Schwester malt am liebsten die Dekore, und die vier Kinder tragen auch mal die frischen Formen auf den Dachboden – zum Trocknen. Sehr lebendig geht es hier zu, und im typischen Fachwerkhof stehen 350 verschiedene Artikel zur Auswahl. Die Farben werden selbst gemischt, zurzeit ist himmelblau en vogue – Blümchen, Pünktchen, Gänse, Störche.

Angeblich geht die Tradition auf Kaiser Barbarossa zurück. Er soll den Soufflenheimern das kaiserliche Privileg verliehen haben, sich aus dem nahe gelegenen Wald den frischen Ton und das Holz zu holen, das zum Befeuern der Brennöfen benötigt wurde. 30 Stunden lang wurden die Rohlinge damals gebrannt. Unter sorgsamer Behandlung kann das Tongeschirr ein Leben lang halten. Hier in Soufflenheim wird die Tonware auch überall benutzt. Machen wir es nach und halten so das traditionelle Handwerk am Leben. Handarbeit in 1-a-Qualität, das reicht dann vielleicht auch noch für die Enkel.

Adresse Poterie Friedmann, 3 Rue de Haguenau, 67620 Soufflenheim, Tel. 0388/866121, www.poteriefriedmann.fr | **Anfahrt** A 5 bis Ausfahrt Baden-Baden, dann B 500 Richtung Iffezheim, auf D 4 über Roppenheim auf A 35 bis Ausfahrt 55-Rountzenheim, auf D 1063 nach Soufflenheim | **Öffnungszeiten** Mo – Sa 9 – 12 und 13.30 – 18.30 Uhr, So 14 – 18 Uhr | **Tipp** In der Pfarrkirche Sankt Michael in Soufflenheim gestaltete Léon Elchinger, der Vater des gleichnamigen Bischofs von Straßburg, einen Keramikkreuzweg an der linken Seitenwand.

81__La Sainte Cène

Weder Stein noch Holz noch Bronze

Auf dem Ölberg in Soufflenheim wurde im Mittelalter ein Friedhof angelegt, auf welchem bis 1831 die Toten des Dorfs begraben wurden. Dort oben gibt es heute ein Kunstwerk, das für die traditionelle Töpferstadt in konsequenter Form umgesetzt wurde. Denn was liegt hier näher als die Aufstellung eines Kunstobjekts aus Keramik.

Leonardo da Vinci stand Pate, als Léon Elchinger mit seinem Sohn Ferdinand und dem befreundeten Charles Burger die Szene des letzten Abendmahls mit lebensgroßen Figuren darstellte. Die Künstler realisierten 1932 aus Anlass des Kongresses »Eucharistique Cantonal« ihre Idee und setzten ihrer Heimatstadt ein Denkmal. Wer etwas von diesem Handwerk versteht, kennt die enorme Herausforderung, Figuren dieser Größe in Ton zu formen und zu brennen. Deshalb wurde das Grundmaterial in einem besonderen Verfahren mit Schamott aufbereitet. Dies hatte den Vorteil, dass die Tonmasse besonders griffig im Rohzustand war und bei sehr hohen Temperaturen zwischen 1300 und 1400 Grad Celsius gebrannt werden konnte. Der Ton trocknete besser, und das Ergebnis konnte ohne Risse und Verformungen präsentiert werden.

Während da Vincis Abendmahl in der Kirche Santa Maria delle Grazie in Mailand als Fresko zu bewundern ist, kann man es hier in dreidimensionaler Form bestaunen. Die 13 Figuren scheinen sich zu bewegen, man glaubt ihren Gesprächen lauschen zu können, und der Satz: »Einer von euch wird mich verraten« erhält eine plastische Realität. Als Betrachter fühlt man sich wie ein Augenzeuge bei der letzten Zusammenkunft Jesu Christi mit seinen Aposteln.

Die Szene wurde im Jahr 2005 von dem ortsansässigen Töpfer Paul Messner restauriert. Eine Glasscheibe schützt die Figurengruppe, und für die nicht ganz so bibelfesten Besucher sind die Namen der Apostel angegeben.

Hier vereint sich Glaube mit Kunst und Tradition in einer selten gut dargestellten Form.

Adresse 67620 Soufflenheim, Friedhof | **Anfahrt** A 5 bis Ausfahrt Baden-Baden, dann B 500 Richtung Iffezheim, auf D 4 über Roppenheim auf A 35 bis Ausfahrt 55-Rountzenheim, auf D 1063 nach Soufflenheim, hier zum Ölberg / Friedhof | **Tipp** Die Ringmauer des Ölbergs wurde restauriert. Die Sandsteinblöcke tragen immer noch die in den Stein geritzten Zeichen: römische Zahlen, Kreuze, Multiplikationszeichen und Rosen.

82 Die Metzgerei Schluraff

Sauerkraut und mehr

Im Restaurant hängt ein großes Porträt von ihm. Mit rot-weißer Schürze steht er da, vor sich das frisch tranchierte Spanferkel mit roter Schleife um den Hals. Bekannt wurde er nicht nur für sein Sauerkraut, das er so macht, wie die Elsässer es lieben. Kräftig und knackig, nicht zerkocht wie bei den Deutschen. Das ist die Grundlage für das elsässische »Sürkrüt«, was keineswegs ein vegetarisches Gericht ist. Ganz im Gegenteil.

Aus »Sürkrüt« wurde »Choucroute«, und dies wird meistens als »Choucroute garnie à l'Alsacienne« angeboten: Speck, verschiedene Würste und gekochtes Rauchfleisch mit Dampfkartoffeln gehören zu dieser besonderen Schlachtplatte. Gilbert Schluraff kombiniert seinen Beruf als Metzger mit dem des Restaurantbesitzers. Und beide Örtlichkeiten liegen ganz dicht nebeneinander. Es ist gemütlich hier, beim Essen kann man die vielen Kinderzeichnungen an den Wänden bewundern. In denen geht es meistens um die Wurst oder das Schwein in allen Variationen.

Kalbshirn, gefüllter Schweinefuß, Wildschwein, aber auch Entenbrust, Gänseleber, Räucherlachs sowie Schneckengerichte sind hier zu finden. Das Angebot von Sauerkraut mit Fisch ist nicht neu. Schon im 18. Jahrhundert wurde diese Kombination gegessen. Herr Schluraff kommt meistens zu seinen Gästen an den Tisch und fragt, wie es geschmeckt hat. So stellt man sich den Metzger und Restaurantchef aus dem Elsass vor. Das Porträt ist gut getroffen.

Seit 1998 ist der Handwerksmeister im »Guide de Routard« erwähnt. Mit Leib und Seele führt er seine Berufung aus. Die Einheimischen kennen ihn persönlich, die Gäste, die von nah und fern anreisen, erleben hier ein Stück Elsass pur. An diesem Ort vereint sich mal wieder das alemannisch Herzhafte mit der französischen Lebensart.

Übrigens, das Sauerkraut muss gut abgetropft sein und darf eigentlich nur gedämpft werden. Mehr wird nicht verraten.

Adresse Restaurant Metzgerstuwa, 69 Rue Maréchal de Lattre de Tassigny, 68360 Soultz Haut Rhin, Tel. 0389/769562 | **Anfahrt** A 5 bis Abfahrt A 36 Richtung Mulhouse, bis Ausfahrt 18 Richtung Guebwiller/Wittenheim, dann auf D 430 und D 5 in Issenheim und D 429 bis Soultz-Haut-Rhin | **Öffnungszeiten** Mo–Do 11–22 Uhr, Fr 11–23 Uhr, Reservierung empfohlen | **Tipp** Im Geothermiekraftwerk Soultz-sous-Forêts erlebt man Energieforschung konkret. Mit Anmeldung kann es besichtigt werden. www.soultz.net

83 Der Dichterpfad

Wo Worte und Natur sich lieben

Nicht nur die Smaragdeidechsen sind hier im Paradies. So muss der liebe Gott es sich vorgestellt haben, als er die Erde erschuf. Wiesen, Wälder, Blumen und überall die stolzen Rebstöcke. Frisch strahlende Natursteinmauern stützen die Weinterrassen ab, schattige Waldstücke laden zum Verweilen ein.

Der mit großen Pflastersteinen befestigte Weg führt in gemäßigten Kurven nach oben, und in jeder Biegung lockt der wunderbare Ausblick in die Weinberge, auf das Dorf ins Tal hinunter oder auf die Weite der Vogesenhügel. Die Bienen summen, die Bussarde kreisen über das Vallé Noble, und immer wieder huscht eine Eidechse über die Steine. Schmetterlinge in allen Farben begleiten den Wanderer.

Hier werden Worte lebendig, wenn man sich den 28 Tafeln am Wegrand widmen möchte. So dichtet Claude Diringer aus Westhalten »Ich loss mich trage, vum Gsang, vu diner Sproch« und meint damit das Elsass. »Denn – in ihm isch jedenfalles, wenn mr ihn so recht probiert – von dem Ländle ebe alles – klar un köschtlich konzentriert«, huldigt Fritz Springer dem Wein seiner Heimat. Gedichte machen hier das Elsass lebendig. In drei Fassungen, deutsch, französisch und elsässisch, können sie gelesen werden. Dichter aus drei Jahrhunderten werden zitiert und drücken ihre Liebe zu dieser Region aus. Ehrlich und offen, das steckt an.

Einen besonderen Platz, den Weinberg »Zinnköpfle«, haben sich die Initiatoren ausgesucht, auch um dem elsässischen Dialekt wieder etwas auf die Beine zu helfen – und um die leidenschaftlichen Dichter zu würdigen. Man sollte sich vorher unbedingt im Rathaus die kleine Broschüre für den etwa zweistündigen Weg holen. Praktisch, denn dort beginnt der Dichterpfad.

Ganz besonders im Frühsommer und im Herbst entfaltet dieser beseelte Ort, der zu Poesie anregt, seine Kraft und Wirkung. Noch tagelang denkt man an diesen schönen Flecken. So muss es gemeint sein – vom »Meister« dort oben.

Adresse Rathaus, Place du Général de Gaulle, 68570 Soultzmatt | **Anfahrt** von Colmar auf die N 83 Richtung Rouffach, am Ende des Ortes nach rechts Richtung Soultzmatt | **Öffnungszeiten** geführte Wanderungen und Weinprobe für Gruppen gratis, Anmeldung unter Tel. 0033/389476867, www.soultzmattwintzfelden.fr | **Tipp** Den längsten Golfkurs im Elsass bietet der Platz »Moulin De Biltzheim« in Rouffach. Ein altes ehemaliges Mühlengebäude dient als Clubhaus.

84_Die Ölmühle

Alt und ächzend, jung und frisch

Das kleine Hinweisschild »Moulin« lässt sich leicht übersehen. Auch Storckensohn drängt sich auf der Strecke von Saint-Amarin nach Bussang nicht gerade auf. Wenn man den Pass erreicht hat, ist man schon zu weit. Ein idyllisches Dorf mit etwa 200 Einwohnern – hier scheint die Zeit stehen geblieben zu sein. Die kleine Zwergenschule ist im Rathaus noch lebendig, und man kann durch das Fenster einen Blick ins Klassenzimmer werfen.

Die Anhöhe hinauf, die Hauptstraße entlang, schon steht man am oberen Ende wieder vor einem Schild »Moulin«. Stimmt, da ist ja auch der rauschende Bach, der durch das Dörfchen fließt. Wo eine alte Mühle steht, da gibt es auch Wasser. Der Weg führt am Haus entlang über einen schmalen Holzsteg, und schon ist man mittendrin im Geschehen. Eine mehrere Meter lange hölzerne Rinne führt den Wasserlauf direkt auf das alte oberschächtige Mühlrad. So entsteht genug Kraft, die Mühle aus dem Jahr 1732 im Innern des Gebäudes zu betreiben. Das schwere Walzwerk mahlt auf dem Schleifstein ächzend die Früchte der Region. Auch hier wurde wieder roter Sandstein verwendet.

1991 wurde die Mühle, die sich in Gemeindebesitz befindet, restauriert und erneut in Betrieb gesetzt. Ein Verein kümmert sich ehrenamtlich um die Instandhaltung und die wieder zum Leben erweckte Produktion von Ölen. Alle Walnüsse, Haselnüsse und sogar Hanfsamen stammen aus der Region und werden gepresst, so wie es einst üblich war. Früher gab es viele Ölmühlen in der Gegend, und die Öle dienten als wertvolles Grundnahrungsmittel für die hier lebenden Menschen.

Die Zimmer des Mühlenknechts stehen zur Besichtigung, auch hier scheint die Zeit stehen geblieben. In der kleinen Boutique nebenan werden »Mühlenprodukte« angeboten. Es ist möglich, sich aus den selbst mitgebrachten Nusskernen sein eigenes Öl pressen zu lassen. Aber bitte vorher eigenhändig knacken!

Adresse 20 Rue de la Mairie, 68470 Storckensohn, Tel. 0389/391400, www.hautes-vosges-alsace.fr | Anfahrt A 5 bis Ausfahrt E 60 Richtung Mulhouse, auf E 512 Richtung Thann, über Thann und Malmerspach nach Storckensohn | Öffnungszeiten Juli, Aug. 14–17.30 Uhr, außer Mo, April–Okt. jeden 1. und 3. So im Monat 14–17.30 Uhr | Tipp Das Gebiet um Storckensohn ist ideal für mehrstündige Tageswanderungen. www.elsassische-hoch-vogesen.de

85_Das Ägyptische Haus

Straßburg am Nil

Der Blick irrt suchend an den meist grauen, großen Bürgerhäusern entlang. Und dann – plötzlich – findet er es und kommt so schnell nicht mehr davon los. Die Architektur und die Farben des Hauses Nr. 10 in der Rue du Général Rapp im »Deutschen Viertel« haben eine magische Anziehungskraft. Doch nicht Friedensreich Hundertwasser war hier am Werk, sondern der Elsässer und Autodidakt Franz Scheyder. Gerne vermischte dieser Künstler verschiedene Stile. Mal römische Rundbögen mit Renaissance-Fassaden oder auch Trompe-l'oeil-Dekore mit Jugendstilelementen.

In den Jahren vor dem Ersten Weltkrieg gab es einen zweiten Industrialisierungsprozess. In Europa wuchsen die chemischen und elektronischen Industriezweige, Maschinen wurden weiterentwickelt, und die Eisenbahnen fuhren immer schneller, in den Fabriken gab es immer mehr Arbeitsplätze. Die Hygiene verbesserte sich, und die Lebenserwartung stieg. Die Menschen wurden zuversichtlicher und optimistischer, das kulturelle Leben öffnete sich nach außen. Man war neugierig auf neue Kunstströmungen, die Malerei, das Kunstgewerbe und die Architektur beschritten neuartige Wege.

Mitten im Deutschen Viertel von Straßburg baute Franz Scheyder, von der frühen ägyptischen Kunst inspiriert, in einer Mischung aus Jugendstil und Orientalismus ein Wohnhaus. Ziegelsteine setzen sich von Lotusblüten ab, Gold spielt mit kräftigem Blau. Im Mittelpunkt direkt über dem Eingang befindet sich ein Gemälde von Adolf Zilly, einem aus Karlsruhe stammenden Maler. Ein ägyptisches Paar ist in Fresko-Malerei dargestellt. Fröhlich und lebendig wirken die farbigen Steine, die wie Knöpfe auf der Fassade angebracht sind. Im Eingang beeindruckt ein überdimensionaler Schlüssel als Steinrelief. Ein Glück, dass das Haus 1995 von C. Bernhart restauriert wurde.

Von den eisernen Balkongeländern breiten verschmitzt die Fledermäuse ihre Flügel aus. Au revoir.

Adresse 10 Rue du Général Rapp, 67000 Straßburg | **Anfahrt** von der Autoroute de l'Est Ausfahrt auf die A 35, dann Ausfahrt auf die D 263, dann rechts in die Avenue des Vosges, von hier links in die Rue du Général Rapp | **Tipp** Im »Deutschen Viertel« östlich der Altstadt stehen prächtige Bürgerpaläste aus der Zeit um die Jahrhundertwende.

86__Die Ampel im Test

Im wahrsten Sinne rot-grün

Wer kennt das nicht? Man ist in Eile, steht an der Ampel – das rote Licht leuchtet endlos.

Die Stadt Straßburg hat seit einigen Jahren ein rot-grünes Stadtparlament. Da liegt es nahe, die Einwohner zum »Zu-Fuß-Gehen« zu bewegen. Aus diesem Grund bekam die elsässische Hauptstadt vom fernen Paris die Bewilligung, eine außergewöhnliche Idee zu testen.

An der Kreuzung am Place du Courbeau, an einer von Fußgängern stark besuchten Stelle, ist seit Sommer 2014 eine Ampel installiert, an welcher in roten Zahlen die bleibenden Restminuten der Wartezeit abgezählt werden. Die öde Wartezeit bis zum grünen laufenden Männchen wird somit zur kurzweiligen Angelegenheit. Man schaut gebannt auf die Zahlen, die in Sekundenabständen Richtung »0« drängen, und jeder Gedanke, ob ein Schalter die rote Ampel wirklich auf Grün zwingen wird, bleibt aus. Die Zahl der bei Rot überquerenden Fußgänger soll somit reduziert und die Wartenden sollen bei Laune gehalten werden. Besonders an dieser Stelle versammeln sich nämlich die Stadtbewohner und die zahlreichen Gästegruppen, die vom Place de l'Étoile in die historische Altstadt eilen. Schnell wurde in der Vergangenheit manch Autofahrer gezwungen, trotz seiner Grünphase anzuhalten und zu warten, bis der Menschenstrom vorübergegangen war.

Falls das Ergebnis positiv ausfällt, werden andere Großstädte in Frankreich die Idee übernehmen. Dann werden auch dort die Restzeitampeln, die für Fußgänger wie für Autofahrer den Stadtverkehr ein wenig entspannter werden lassen, eingerichtet. Die erste Ampel dieser Art wurde in Deutschland für die Hansestadt Hamburg eingerichtet. Bis heute hat man damit gute Erfahrungen gemacht.

Am 5. August 1814 wurde die erste elektrische Verkehrsampel der Welt in Cleveland, USA, aufgebaut. So ist dies in Straßburg eine schöne Hommage an die Weiterentwicklung der Fußgängerampel, pünktlich zum 200-jährigen Jubiläum.

Adresse Place du Corbeau, 67000 Straßburg | Anfahrt vom Place de l'Étoile kommend läuft man zum Place d'Austerlitz, Rue d'Austerlitz, Place du Corbeau, letzte Ampel vor der Brücke über die Ill | Tipp Auf der anderen Seite der Brücke befindet sich das Elsässische Museum in mehreren historischen Stadthäusern. 23–25 Quai Saint-Nicolas, www.musees.strasbourg.eu.

87 Die Bretzel Airlines

Brezel, Bier und Flieger

Identität wird über Marken kultiviert. So auch hier – ganz neu im Elsass.

Die beiden Brüder Silvain und Gaston Kopferschmitt haben eine Marktlücke entdeckt. »Ich bin Elsässer und ich liebe das Elsass« ist ihre Botschaft. Die über Jahrhunderte hin und her geschobene Nation hat ihre eigene Identität gefunden. Jung und frisch kommt die neue Marke daher. Man merkt den Künstlern ihre Liebe zur Heimat an.

Für die Schüler gibt es Schulmäppchen, Taschen, Smartphonehüllen oder einfach nur Aufkleber. In der Freizeit erhält das T-Shirt oder die Kaffeetasse neue Aufmerksamkeit. Die Ideen sind gut und vielfältig. Neu und unbedarft erobern sie den Souvenirmarkt. Gespielt wird mit bekannten Logos, auf Elsässisch gemacht. So trägt die Micky Maus die Haube der elsässischen Tracht, und Batman fliegt als Brezel. Es gibt das Maskottchen mit Haube, Wein und Wurst. Das auch noch mit dem Flugzeug, denn schließlich gibt es den EuroAirport im Dreiländereck Basel – Mulhouse – Freiburg. Che Guevara kommt aus Guevarsheim, und die Route 66 wird zur Route 68, die Nummer für das Departement Alsace. »L'Alsace partout, tout le temps«, so steht es auf einem T-Shirt – das Elsass für alle und für immer.

Die Brüder sind bescheiden, das Sortiment wächst langsam. Ab diesem Sommer dürfen sich Babys und Kinder freuen. Spaß ist garantiert, besonders für die Eltern. Dies ist auch der Anspruch, den die beiden Straßburger haben: die Menschen zum Lachen bringen. Dass ihnen das gelingt, zeigt ihr Erfolg, mehr als 19.000 Fans haben sie auf ihrer Facebook-Seite.

Die Produkte sind für alle gemacht. Für die Einheimischen und für jene, die in die Region reisen und diese lieben lernen. Kein Wunder, dass es nun auch den passenden Dutyfree-Shop auf dem Straßburger Flughafen gibt. Das Elsass ist international. Wir können gespannt sein, wann die erste eigene Fluglinie startet – eben »Bretzel Airlines«.

Adresse Bretzel Airlines, 2 Rue du Parchemin, 67000 Straßburg, Tel. 0388/365768, www.bretzelairlines.com | **Anfahrt** links an der Kathedrale vorbei in die Rue des Juifs, hier immer geradeaus (circa 300 Meter) bis zur Kreuzung Rue du Parchemin | **Öffnungszeiten** Di – Sa 10 – 12.30 und 13.30 – 19 Uhr | **Tipp** In der angrenzenden Rue des Juifs, der ehemaligen Händlerstraße der Juden, gibt es viele schöne Geschäfte hinter prächtigen Fassaden.

88__Die Choucrouterie

Spaßverdoppelung in zwei Sprachen

Nur wenige Künstler verkörpern so sehr die elsässische Identität wie Roger Siffer. Der Philosophiestudent wechselte kurz vor seinem Studienabschluss zur Musik. Sein erster öffentlicher Auftritt auf dem jährlichen Sauerkrautfest in Colmar wies schon früh in die spätere Richtung: Musik, Kunst und eben auch ein bisschen Sauerkraut.

In seinem kleinen privaten Theater am Rande der Altstadt von Straßburg werden Kabarett und satirische Revuen geboten. Bis zu 21.000 Zuschauer besuchen das Theater jährlich. Das Besondere dabei: Die Zuschauer bleiben in Bewegung, und die Schauspieler auch. Beide müssen immer wieder zwischen zwei Bühnen, die gleichzeitig bespielt werden, wechseln. In einem der beiden Spielräume wird Elsässisch gesprochen, hier beginnt die Aufführung. Aber man sollte es sich bloß nicht allzu gemütlich machen, denn nach etwa 15 Minuten heißt es aufstehen und nach drüben gehen. »In Bewegung bleiben« ist das Motto auch auf der Bühne, dies passt gut zu dem manchmal komischen und bisweilen bitterbösen Humor der Truppe. Im anderen Saal geht es dann auf Französisch weiter, eine etwas andere Komik, ein etwas anderer Witz, aber das gleiche Programm.

Der Einblick in Sachen Völkerverständigung und Mentalitätsgeschichte ist einzigartig. Das Wechseln der Sitzplätze versinnbildlicht den Wechsel der Nationen in der Grenzregion. Das Kabarett in der ehemaligen Sauerkrautfabrik, die noch bis in die 1980er Jahre produziert hat, ist einmalig. Dieses Jahr fragt man sich, ob das Elsass das benachbarte Lothringen wirklich wieder heiraten muss. Und was hat die französische Hauptstadt damit zu tun?

Jährlich bis zu 180 Vorstellungen von Jazz über Satire bis zu kabarettistischen Stücken wie »Choucroute Merguez« sind ein Zuschauermagnet. Sogar der berühmte Pantomime Marcel Marceau und die Sängerin Juliette Gréco haben vor vielen Jahren den Weg aus Paris hierher gefunden.

Adresse Théâtre de la Chouc'routerie, 20 Rue Saint-Louis, 67000 Straßburg, Tel. 0388/360728, theatre@choucrouterie.com | **Anfahrt** von der N 4 in Straßburg auf die Rue Humann, dann rechts in die Rue Saint-Louis | **Tipp** Vom »Sürkrüt-Theater« nebenan in die »Sürkrüt-Stub« – nach der Vorstellung essen gehen ist ein abgerundeter Genuss.

89__L'Épicerie

Tante Emma in der Großstadt

Spaziert man auf der Suche nach einem schönen Platz etwas abseits des Straßburger Münsters, von den Touristenströmen entfernt, stößt man auf einen besonderen Treffpunkt, an dem sich Einheimische zu einem Glas Wein, einem Snack oder einem Kaffee zusammenfinden. Die heimelige Atmosphäre, die leckeren Düfte aus der Küche und die feinen Köstlichkeiten ziehen magisch an. »L'Épicerie« ist ein umgebauter Lebensmittelladen, ein kleines Bistro, der Name bedeutet so viel wie Kolonialwarenladen oder eben »Tante-Emma-Laden«.

Die Ausstattung stammt vorwiegend aus den 1930er Jahren. Die Küche ist in den Gastraum integriert und erinnert wirklich an einen alten Laden. Der Gast kann die Zubereitung der Speisen und Getränke erwartungsvoll beobachten. Alles wird mit viel Ruhe ausgeführt, und doch muss man nie lange warten. Man kommt zur Ruhe, atmet durch. Ein fast vergessenes Gefühl kommt auf – wie einst in Omas Küche, einfach sitzen, plaudern und die Zeit vergessen.

Man kann an einem kleinen Tisch oder am warmen Ofen Platz nehmen oder auch an der langen Tafel in der Mitte des Raums. Schnell hat man Kontakt zu den anderen Gästen und kommt ins Gespräch. Auffällig ist die bunte Mischung von Geschäftsleuten, Studenten und Nachbarn von nebenan.

Der Blick schweift über alte Bonbongläser mit Lakritze, Kaffeeschalen und Fotos aus den 1930er Jahren. Am Boden befinden sich noch die originalen alten Fliesen. Geworben wird auf der Speisekarte mit »Produits d'antan«, Produkten aus alter Zeit. So taucht man ein in eine andere, längst vergangene Welt mit einer Crème Caramel, serviert in einem kleinen Einmachglas, oder mit einer Tartine, einem Brot mit Ziegenkäse, Mandeln und Honig. Französische Chansons erklingen, es duftet wie in einer alten Küche nach Gemütlichkeit. Vielleicht ist gerade das das Geheimnis, hier über alle Sinne berührt zu werden. Ein Ort mit besonderem französischen Charme.

Adresse 6 Rue du Vieux Seigle, 67000 Straßburg, Tel. 0388/325241 | **Anfahrt** direkt vor dem Hauptportal der Kathedrale gegenüber in die Rue Mercière, am Ende rechts zum Place Gutenberg, hier links in die Rue Gutenberg, dann rechts in die Rue de la Lanterne, dann links in die Rue du Vieux Seigle | **Tipp** In der öffentlichen Badeanstalt Bains Municipaux, 10 Boulevard de la Victoire, kann man unter einer schönen Kuppel wunderbar entspannen. Das Bad ist sehr schön restauriert.

90 Der Garten der zwei Ufer

Der Rhein fließt durch den Park

Die große französische Stadt Straßburg und die kleine deutsche Stadt Kehl sind nur durch den Rhein getrennt, der gleichzeitig die Landesgrenze bildet. Mit dem Bau verschiedener Brücken versucht man seit vielen Jahren, diese Trennung zu überwinden. Neben der 1960 errichteten großen Europabrücke gibt es die schöne Fußgänger- und Radfahrerbrücke, die den Garten der zwei Ufer verbindet. Ein Park mit zwei Flussufern, die verbindende Brücke soll zum Festefeiern einladen, zum Verweilen und besonders zum Besuch des befreundeten Nachbarn. Während Kehl schon immer dicht am Rhein dem Fluss zugewandt lag und die Rheinpromenade in das Stadtleben miteinbezogen ist, liegt das Straßburger Zentrum fern der beiden Ufer. Die Rheinseite wird hier eher mit dem Industriehafen assoziiert.

Umso überraschender ist der zum Anlass der grenzüberschreitenden Gartenschau 2004 auf der französischen Seite eingerichtete Park. Hiermit wird der Rhein nun auch den Straßburgern näher gebracht. So haben der deutsche Landschaftsarchitekt Rüdiger Brosk und der Pariser Architekt Marc Mimram in deutsch-französischer Gemeinschaftsarbeit ein beeindruckendes Landschaftsbauwerk geschaffen. Der Park ist der größte in der Europastadt. Anlässlich des NATO-Gipfels im April 2009 trafen sich hier die Staatschefs.

Heute gibt es vielseitige kulturelle Veranstaltungen, Musik, Tanz und Theater. Der grenzüberschreitende Rundweg soll die Grenzen verwischen und die Gemeinsamkeiten betonen. Auch Ästhetik wird hier großgeschrieben: 76 Seile spannen die zwei Stege der Doppelbrücke. Die Plattform in der Mitte gilt als Zentrum des Gartens. Man kann auf einer hohen Wasserwand spazieren gehen und verschiedene Themengärten entdecken, wie den originellen kleinen Garten mit Heilpflanzen. Man kann weitläufige Wiesenflächen genießen oder einfach nur am Rhein entlangschlendern und über Trennendes und Verbindendes sinnieren.

Adresse 3 Rue des Cavaliers, 67000 Straßburg | **Anfahrt** von Kehl kommend auf der E 52 direkt nach der Rheinbrücke auf der N 4 nach links, Richtung »Jardins des Deux Rives« | **Tipp** In Straßburg bei Vélhop ein Fahrrad mieten und den Park per Rad erkunden. www.velhop.strasbourg.eu/de

91__Der Hafen

Auf Platz zwei

11 Millionen Tonnen Ware werden hier im Jahr verschifft. Dies kann am Rhein nur noch das deutsche Duisburg übertreffen. Auch als Binnenhafen Frankreichs kommt der Straßburger Hafen auf Platz zwei. Auf Platz eins liegt natürlich Paris.

Seit seiner Einweihung 1890 wurde der Port Autonome Stück für Stück erweitert. Heute gibt es zwei große Vorhäfen und 14 kleinere Hafenbecken. 90 Prozent der Aktivitäten gelten dem Export. So ist der Straßburger Hafen über das Wasser und zusätzlich über ein ausgebautes Schienennetz mit den großen Seehäfen Rotterdam, Antwerpen, Le Havre im Norden und Marseille im Süden verbunden. Straßburg liegt hier schön in der Mitte und bietet mit 10.000 Arbeitsplätzen für die Region einen bedeutenden Wirtschaftsstandort für die Binnenschifffahrt. Auf einer Fläche von 1.360 Hektar sind 350 Unternehmen zu finden. Louterburg, Beinheim und Marckolsheim gehören zum Hafengebiet, und so erstreckt sich die Länge auf etwa 100 Kilometer.

Acht Becken können durch variable Höhen verschiedene Frachtkähne aufnehmen. Der Hafen ist mit dem Rhein-Marne-Kanal und dem Rhein-Rhône-Kanal verbunden. Aber auch über die Schiene ist der Hafen für den Hochgeschwindigkeitsverkehr erreichbar. Die Verbindung von Deutschland aus ist gut ausgebaut. Züge bis zu 720 Meter Länge haben auf dem Umschlagbahnhof Platz. Über das Straßennetz kann er über vier Hauptzugänge angefahren werden.

Auf dem Hafengelände lagern vor allem Flüssiggüter, in erster Linie Erdöl, und als feste Güter meist Nahrungsmittel, überwiegend Getreide. Auf einer informativen Hafenrundfahrt bis zur Europabrücke erfährt man Eindrückliches über die Bedeutung dieses industriellen Umschlagplatzes. Und nicht zuletzt gibt es zehn Anlegestellen für die Ausflugsboote privater Anbieter. Im Jahr können fast 1.000 mehr oder weniger große Schiffe mit insgesamt etwa 150.000 Besuchern anlegen. Die Tendenz ist steigend.

Adresse 25 Rue de la Nuée Bleue, 67000 Straßburg | **Anfahrt** von Kehl die N 52 über den Rhein auf die N 4, rechts in die Rue Coulaux, in die Rue du Port du Rhin | **Tipp** Der Hafen von Straßburg betreibt auch die »Batorama«, Ausflugsboote, welche auf der Ill direkt durch die Altstadt fahren. Ein Erlebnis auch bei schlechtem Wetter, die Dächer sind durchsichtig. www.batorama.de

92_Die Halbinsel Malraux

Zeitlos modern

Die Form des ehemaligen Lagergebäudes im trocken gelegten Austerlitz-Hafenbecken lässt sich noch gut erkennen. Als großer Turm erhebt sich aus dem neuen Viertel die Mediathek André Malraux, welche 2008 eröffnet wurde. Die beiden Architekten Jean-Marc Ibos und Myrto Vitart haben in ihrem Bau den Charakter des funktionellen Industriegebäudes von 1930 bewahrt. Durch die Beibehaltung der Backstein- und Betonfassade ließen sie die äußere Form bestehen. Neu hinzu kam eine lange Stahlkonstruktion, welche mit viel Glas kombiniert wurde.

Im Inneren reihen sich auf sechs Etagen und 11.800 Quadratmetern Nutzfläche 160.000 verschiedene Medien in 20 Kilometer Regallänge. Der historische Fundus der Stadtbibliothek, rund 200.000 wertvolle Bücher vom 15. Jahrhundert bis heute sowie Inkunabeln und Handschriften sind hier untergebracht.

Damit auch die Bedeutung dieses Ortes als einstiger Hafen der Stadt in Erinnerung bleibt, hat man zwei große Hafenkräne aufgestellt. An der Uferpromenade und auf den kleinen Fußgängerbrücken kann man das Flair des alten Hafens spüren. Überquert man so das Wasser, kann man die gelungene moderne Stadtarchitektur genießen und gleichzeitig den Hauch der Vergangenheit spüren. 1892 fuhr das erste Dampfschiff in das Austerlitz-Hafenbecken ein und war damit Teil der Entwicklung eines für damalige Verhältnisse modernen Hafens direkt in der Nähe des Stadtzentrums. Ein großes Industriegebiet mit Lagergebäuden und Silos entstand, das seine Produktion bis Anfang des Jahres 2000 aufrecht erhalten konnte.

Die Mole Seegmuler wurde einst nach dem Unternehmer benannt, der diesen Standort unterhielt. Jetzt trägt der zu Appartements umgebaute Lagerturm diesen Namen. Das internationale Flair des Hafens ist erhalten geblieben, denn heute wohnen dort Studenten und Dozenten aus aller Welt, die meisten sind an der Universität Straßburg tätig.

Adresse Rue du Bassin d'Austerlitz, 3 Place Dauphine, 67100 Straßburg | **Anfahrt** über die N 4 in Straßburg zum Place d l'Etoile, dort rechts in den Quai des Alpes, zu Fuß über eine der kleinen Brücken auf die Halbinsel | **Tipp** Das Cité de la Musique et de la Danse widmet sich Musik und Tanz. Das Gebäude wurde vom Pariser Architekten Henri Gaudin entworfen. Hier gibt es tolle Konzerte mit absolut moderner Bühnentechnik.

93 Das Hans-Arp-Haus

»Das Münster um die Ecke«

Das Haus ist leicht zu finden. Nur wenige Meter vom Straßburger Münster entfernt wurde der Künstler als Sohn eines deutschen Zigarrenfabrikanten und einer elsässischen Mutter geboren. Straßburg gehörte damals zum Deutschen Reich. So wuchs der kleine Hans mit beiden Sprachen auf: Deutsch und Elsässisch. Schon als Kind ließ er sich von den Wasserspeiern des Straßburger Münsters zu seinen Zeichnungen inspirieren. Als Maler, Bildhauer und zweisprachiger Dichter war er 1916 Mitbegründer des Dadaismus in Zürich. In den 1930er Jahren zählte er in Paris zu den führenden Surrealisten.

Hans Arp deutete die Dada-Bewegung vor dem politischen Hintergrund des Ersten Weltkriegs. Dies ist umso verständlicher, wenn man weiß, dass er in eine Straßburger Familie hineingeboren wurde, die immer wieder ihre Nationalität wechseln musste. Schon seine zwei Vornamen weisen auf die Zugehörigkeit zu zwei Kulturen hin. Seinem Vaterhaus am alten Fischmarkt widmete er das Gedicht »Alter Fischmarkt«. Darin beschreibt er ein altes Hanfseil, das an der Innentreppe des Hauses hing wie eine überdimensionale Nabelschnur.

»an stelle eines goldenen nabels / und einer goldenen uhrkette / hing eine gewaltige riesennabelschnur / von der dicke eines schifftaues / aus dem bodenlosen / in das bodenlose. / eine mittelalterliche wunderwendeltreppe / wendelte sich um die gewaltige / nabelschnur aus hanf. die mittelalterliche / wunderwendeltreppe / des mittelalterlichen hauses / führte vor allen dingen / zum ersten Stock / in das erkerzimmer / meines geburtshauses / alter fischmarkt in straßburg. …«

Seine Herkunft offenbart Arp in einigen mundartsprachlichen Gedichten, in denen er den elsässischen Dialekt verwendet. »Werum denn hile, Herzele«, warum denn heulen, Herz? Sein Grab befindet sich weit entfernt vom Elsass auf dem Friedhof Santa Maria in Selva in Locarno, neben seinen beiden Frauen.

Adresse 52 Rue du Vieux Marché aux Poissons, 67000 Straßburg | **Anfahrt** direkt vor dem Hauptportal der Kathedrale gegenüber in die Rue Mercière, dann links in die Rue du Vieux Marché aux Poissons, schon ist man da | **Tipp** Werke von Hans Arp sind im 1998 eröffneten Museum für moderne Kunst in Straßburg zu sehen, 1 Place Hans Jean Arp, 67000 Strasbourg.

94 Das Hôpital Civil

Ein Schlückchen für den General

Ursprünglich befand sich hier der Vorratskeller des 1395 erbauten Hospizes, dann wurde ein Weinkeller daraus. Wer sich wundert, dass ein Krankenhaus einen großen Weinkeller mit einem mittelalterlichen Gewölbe besitzt, kann bei einer spannenden Führung aufgeklärt werden.

Der Aufenthalt im Hospiz war nicht kostenfrei. Doch nur weniger als ein Fünftel der Patienten konnte es sich leisten, mit barer Münze zu bezahlen. Der große Rest tat dies mit Naturalien, nämlich mit dem Ertrag der Ernte von den Feldern und Weinbergen. Und Wein konnte man gut lagern. So wuchs die Menge an Weinfässern im Keller, und hierfür brauchte man Platz. Denn es gab viele Winzer in der Gegend und jede Menge Wein, der auch reichlich an die Kranken ausgeschenkt wurde. Ob dies zur Genesung führte oder die Krankheit noch verstärkte, ist nicht belegt.

Schon früh im 14. Jahrhundert hat man im gleichen Keller auch Leichen seziert, obwohl dies offiziell streng verboten war. Ärzte erforschten hier heimlich mit ihren Studenten die Anatomie des menschlichen Körpers. Die Leichen, die sie durch geheime unterirdische Gänge aus den Gräbern außerhalb der Stadttore holten, stammten meistens von Hingerichteten. Wurden die Ärzte und Studenten erwischt, mussten sie mit der Todesstrafe rechnen. Erst im 18. Jahrhundert wurden anatomische Untersuchungen legalisiert. Auch Johann Wolfgang von Goethe, der in Straßburg studierte, besuchte im Jahr 1770 eine Sektion. Dass direkt nebenan der edle Rebensaft von 1472 schlummerte, war den meisten sicher nicht bekannt.

300 trinkbare Liter gibt es noch heute vom ältesten Wein der Welt. Nur zu besonderen Gelegenheiten wird er ausgeschenkt. Und die müssen wirklich ganz speziell sein. Das letzte Ereignis war das Ende des Zweiten Weltkriegs und der Wiederanschluss des Elsass an Frankreich. Der französische General durfte probieren. Und er war sehr zufrieden.

Adresse 1 Place de l'Hôpital, 67000 Straßburg, Tel. 0388/116768 | **Anfahrt** von der N 4 in Straßburg auf die Rue Humann, weiter Rue Finkwiller, beim Quai Saint-Nicolas rechts | **Tipp** Im Laden von Mireille Oster im »Petit France«, dem schönen Viertel auf der »Grande Ill«, bekommt man das ganze Jahr über köstliche Lebkuchenvariationen. 14 Rue des Dentelles, Di–Sa 9–19 Uhr.

95 Der Janusbrunnen

Blick in beide Richtungen

Ein römischer Aquädukt umrahmt mit seinen drei Pfeilern einen Januskopf. Zur 2000-Jahr-Feier von Straßburg wurde das Denkmalensemble 1988 nach einem Entwurf von Tomi Ungerer errichtet. Der Januskopf schaut in zwei Richtungen – nach Frankreich und nach Deutschland.

Die Symbolik ist dem weltoffenen und international bekannten Künstler durchaus gelungen, musste er ja selbst als Schüler zweimal die Unterrichtssprache wechseln. 1940 bei der Annexion des Elsass durch die Deutschen wurde in der Schule die Sprache verboten, die zu Hause gesprochen wurde – Französisch. Nach dem Krieg wurde im französischen Elsass wieder gewechselt. Hochdeutsch und auch der elsässische Dialekt wurden abgelehnt und die französische Sprache strikt verordnet. Für den Künstler waren diese Erfahrungen kulturelle Verbrechen. Ungerer reiste durch Frankreich und ganz Europa und wanderte schließlich in die USA aus. Dort wurde er als Kinderbuchautor erfolgreich, wurde aber wegen seiner satirischen und erotischen Zeichnungen von vielen abgelehnt. Er kehrte zurück und lebt seit 1976 mit seiner Familie abwechselnd in Irland und in seiner Heimat Straßburg, wo er sich selbst als Elsässer und überzeugter Europäer fühlt.

Das Hin- und Herpendeln zwischen zwei Nationen prägt die Menschen dieser Region schon lange. Tomi Ungerer, der auch Sonderbotschafter für Jugend und Erziehung im Europaparlament ist, hat eine Mission. Er hat es sich zur Aufgabe gemacht, jungen Menschen Respekt vor der Natur und den Religionen zu vermitteln. »Mein Humor hat mir immer geholfen«, sagt er. Neben seiner Autorschaft zahlreicher Bücher hat er sich dreimal auch als Architekt verwirklicht, zum Beispiel bei einem umstrittenen öffentlichen Toilettenhäuschen in der deutschen Stadt Plochingen. Das Dach in Form eines überdimensionalen Hinterteils musste leider wieder abgebaut werden. Eigentlich schade.

Adresse Ecke Place Broglie / Quai Schoepflin, 67000 Straßburg | **Anfahrt** vom Monument aux morts de Straßbourg die Straße Place Broglie über die Ill nehmen, am besten zu Fuß | **Tipp** Mit dem Museum Tomi Ungerer hat Frankreich zum ersten Mal einem lebenden Künstler ein eigenes Museum gewidmet. Hier hat sich für Zeichner und Illustratoren ein internationales Zentrum entwickelt.

96 Das Modell für Blinde

Straßburg zum Anfassen

Wenn blinde Mitbürger mit ihren Fingerkuppen durch die Straßen spazieren, hat oft Egberg Broerken seine Hände im Spiel. Er lebt und arbeitet in einem kleinen Renaissance-Wasserschloss in der Nähe von Soest in Westfalen. Wie die Städte Braunschweig, Münster, Lübeck, Stralsund, Hamburg und Berlin hat seit 2012 auch Straßburg seine »Stadt von oben«.

Eine ganz eigene Erfahrung können hier blinde Menschen machen, wenn sie durch Ertasten die Dimensionen der Stadt erleben. Ob es die Entfernung vom Münsterplatz zum Europäischen Parlament ist oder das Flüsschen Ill, welches sich an den Häusern entlangschlängelt, ob es die Höhe des Münsters ist oder der Umfang der gesamten Stadt. Alle Gebäude der Innenstadt können im Detail erfühlt werden. Die sinnliche Betrachtung durch das Tasten eröffnet neue Perspektiven auf die Stadt, und das auch für Sehende.

Die bronzene Stadtskulptur wird durch Aufschriften an den Rändern ergänzt. Hier gibt es wissenswerte Informationen zur Geschichte Straßburgs, zu den Häusern, Kirchen und Straßen. Natürlich auch in Blindenschrift. In Zusammenarbeit mit Schülern und Lehrern der Westfälischen Blindenschule in Soest entwickelte Broerken eine optimale Tastbarkeit für seine Modelle.

An diesem Treffpunkt kommen Nichtsehende und Sehende schnell miteinander ins Gespräch. So hat der Künstler mit diesem Relief auch hier einen überaus menschlichen Beitrag zur Integration aller Mitbürger geleistet. Es brauchte ungefähr ein Dreivierteljahr für die Fertigstellung des Objekts. Für das Miniaturmodell erscheint das nicht lange. Im ersten Schritt werden alle Gebäude und Häuserzeilen fotografiert, darauf folgt die Anfertigung des architektonischen Modells – maßstabgetreu. Mit Hilfe des bekannten Wachsausschmelzverfahrens wird der Bronzeguss hergestellt. Der Sockel wird für jede Stadt individuell angefertigt, so wie auch hier in Straßburg. Äußerst gelungen.

Adresse Place d'Austerlitz, 67000 Straßburg | **Anfahrt** vom Place de l'Étoile über die Ill, rechts Quai du Général Koenig, dann links in die Rue de la Brigade Alsace-Lorraine bis zum Ende | **Tipp** In der Rue d'Austerlitz gibt es in »Le Fournil d'Austerlitz«, einer winzigen Backstube, köstliche Kleinigkeiten.

97 Der muslimische Friedhof

Nach den Riten der eigenen Religion

Man geht durch das schmiedeeiserne Tor, welches einen Baum des Lebens zeigt. Durch die Äste kann man die 1,25 Hektar große Anlage sehen, den muslimischen Friedhof. Die etwa 1.000 Grabstätten sind alle nach Mekka ausgerichtet. Den Friedhof umschließt eine Mauer, »Cimitère Public Musulman« ist zu lesen.

Bisher wurden die muslimischen Verstorbenen in Straßburg auf den christlichen Friedhöfen in einem eigenen Bereich bestattet, oder sie wurden in ihre Heimatländer überführt, wo sie mehrere tausend Kilometer entfernt von den Angehörigen ihre letzte Ruhe fanden. Dies barg viele organisatorische Probleme, und den Familien fehlte ein Ort des Gedenkens in ihrer Heimatstadt Straßburg. Nun haben sie einen eigenen Ort, an dem sie ihre Angehörigen traditionell beerdigen können. Seit 2012 gibt es diesen Ort des Gedenkens; auf dem Südfriedhof waren die Plätze für muslimische Beerdigungen knapp geworden. Die einzige Bedingung ist die Bestattung in einem Sarg, denn dies ist in Frankreich Gesetz, und das gilt natürlich für alle Bewohner des Landes.

Etwa 65.000 Muslime wohnen in Straßburg, 140.000 im gesamten Elsass. Die Einweihung des muslimischen Friedhofs im Straßburger Stadtteil Neuhof wurde als historischer Augenblick gefeiert. Es ist der erste muslimische Friedhof in Frankreich. Die strenge Trennung von Staat und Kirche seit 1905 lässt keine Subventionen für Religionsgemeinschaften zu. Aber die Regionen Elsass und Lothringen besitzen einen Sonderstatus.

Hier gilt dieses Gesetz nicht. Anfang des 20. Jahrhunderts gehörten das Elsass und das lothringische Departement Moselle zum Deutschen Reich. Nach der Rückkehr in die französische Republik wurde dieses Privileg nicht angetastet. So konnte die Stadt Straßburg mit einer hohen Summe den ersten öffentlichen muslimischen Friedhof in Frankreich einrichten. Ein starkes Zeichen im Zuge der Integration.

Adresse 2 Rue du Baggersee, 67000 Straßburg | **Anfahrt** von der E 25 Ausfahrt beim Baggersee D 468, dann links in die Avenue de Strasbourg, dann rechts in die Rue du Languedoc, dann rechts in die Rue du Baggersee | **Öffnungszeiten** täglich 7–19 Uhr | **Tipp** Die »Grande Mosquée«, die größte Moschee in Ostfrankreich, wurde 2012 eingeweiht. Das besondere Bauwerk mit seiner Kupferkuppel befindet sich nur wenige 100 Meter vom Straßburger Rathaus entfernt. 6 Rue Averroès, 67000 Straßburg, www.mosquee-strasbourg.com (Führungen hier einsehbar).

98__Der Parc de Pourtalès

Wo die Bäume Ohren haben

Dieser Park ist wild und natürlich. Er wurde im Nordosten von Straßburg in der ehemaligen Gartenvorstadt Robertsau angelegt. Über viele Jahrzehnte bauten hier die Bauern verschiedene Gemüsesorten an und verkauften sie auf den Märkten in Straßburg. Auch Bootsbauer und Fischer ließen sich auf der Insel nieder.

Als es im 18. Jahrhundert in der Stadt Straßburg innerhalb der Stadtmauern immer enger und voller wurde, verbrachten vor allem die Adeligen und das gehobene Bürgertum hier ihre Freizeit, um die gute Luft und die unberührte Natur zu genießen. In dieser Zeit baute die Familie Guérault ein kleines Landhaus. 1802 erwarb es Baron Athanase Paul Renouard de Bussière und baute es zum Schloss aus. Der große Park umschloss das Gebäude, und der Baron legte innerhalb des Parks einen englischen Garten an. Über drei Generationen ging hier der europäische Hochadel ein und aus, von 1870 bis 1914 luden der Graf Pourtalès und die Comtesse Mélanie die Berühmtheiten des öffentlichen Lebens zu pompösen Festen. Bayernkönig Ludwig der II., Fürst von Metternich und Franz Liszt waren nur einige der prominenten Gäste.

Die Stadt Straßburg kaufte 1997 den Park und machte ihn der Öffentlichkeit zugänglich. Der ausgetrocknete Wasserlauf wird wieder renaturiert. Ein Gewächshaus, ein Brunnen und sogar ein Taubenhaus aus alter Zeit sind geblieben.

Die alten Bäume könnten viele Geschichten erzählen, und es gibt einige, die riesige bronzene Ohren haben. So wurden 1988 durch die Initiative des Europäischen Zentrums für zeitgenössische Kunst (ECCAS) neue Skulpturen in verschiedenen Teilen des Parks installiert. Mal stößt man auf Zeichen der Aborigines, mal auf Inspirationen aus der Mythologie. Der über Landkarten hockende Mann von Giulio Paolini lädt zum Nachdenken ein, und ein riesiger, grotesker Hase von Barry Flanagan löst Gelächter aus. Doch pst, vielleicht hören die Bäume doch etwas.

Adresse 161 Rue Mélanie, 67000 Straßburg, Tel. 0388/458464 | **Anfahrt** A 35 Colmar–Straßburg, Ausfahrt D 500/E 52 Richtung Straßburg/Molsheim/Rosheim, Ausfahrt A 352/E 25 Richtung Straßburg Entzheim, A 35 Ausfahrt Zentrum – Avenue des Vosges, D 263 folgen, rechts in die Avenue des Vosges, Avenue d'Alsace, Place Sébastian Brant, links in die Allée de la Robertsau, Avenue de l'Europe, geradeaus bis Robertsau | **Tipp** Das Hotel Châteaux de Pourtalès bietet mit 18 historisch renovierten Zimmern einen schönen Ort zum Entspannen. www.chateau-pourtales.eu

99 Der Parc Schulmeister

Refugium für einen Meisterspion

Charles Louis Schulmeister war der Sohn eines Pfarrers. Er geriet auf die schiefe Bahn und erlernte das Schmugglerhandwerk an der Grenze zwischen Frankreich und Deutschland. Ein paar Aufträge in Sachen Spionage kamen hinzu, und er zeigte sich so talentiert, dass ein befreundeter Landsmann ihn nach kurzer Zeit Napoleon Bonaparte vorstellte. Die Karriere des überaus loyalen Agenten nahm im Dienste des französischen Generals, Diktators und Kaisers ihren Lauf. Dieser ernannte Charles Louis Schulmeister zum Generalkommissar in Wien. Doch seine Arbeit als Spion war kräfteraubend, und so erwarb er 1806 ein Stück Land auf der Meinau in Straßburg. Dies sollte sein Rückzugsort werden. Bis zu seinem Tod lebte er in Boissy-Saint-Léger bei Paris und in der verschwenderisch mit Natur ausgestatteten Meinau.

Wenn er gerade nicht an diesem Ort weilte, half er seinem Dienstherren bei der Einnahme preußischer Städte wie zum Beispiel Wismar oder Rostock. Seine Aufgabe war es auch, die Polizeibeamten in den eingenommenen Gebieten zu kontrollieren. Der Meisterspion gab sich im Koalitionskrieg 1805 als ungarischer Edelmann mit besten Kontakten nach Paris aus und fälschte sogar die »Pariser Zeitung«, um einen Umsturzversuch Napoleons vorzutäuschen.

Der Park liegt im Norden des südlichsten Stadtviertels von Straßburg. Inmitten der Grünanlagen baute 1806 der auch in Deutschland wirkende Architekt Friedrich Weinbrenner ein Herrenhaus. Nach Schulmeisters Tod 1853 wurde das Gebäude Produktionsort für eine Zuckerfabrik. Heute ist von alldem nichts mehr zu sehen, nach dem Ersten Weltkrieg wurde das Haus 1919 abgerissen.

In den 2010 neu gestalteten Grünflächen findet man Ruhe und Entspannung. Blumenwiesen und gepflegter Rasen, wunderbare alte Bäume, ein großer Ententeich und nicht zuletzt die Holzliegen laden zur Erholung ein und verlocken zum Träumen von vergangenen Zeiten.

Adresse Rue du Rhin Tortu, 67100 Straßburg | Anfahrt von der E 25 in Straßburg auf die D 468, hier links in die Route de Neuhof, geht über in die Rue du Rhin Tortu, hier liegt rechter Hand der Park | Tipp Hier gibt es auch einen Baggersee – mit feinem Sandstrand, bewacht und mit einem naturbelassenen Stück Ufer.

100_Die Rheininsel

Von der Österreicherin zur Französin

Früher benutzten berechnende Herrscherinnen wie Maria Theresia von Habsburg ihre Kinder, um neue Allianzen mit alten Feinden einzugehen und damit ihre Macht zu sichern. So geschehen auch im Jahr 1770, als das 15. Kind der österreichischen Kaiserin auf den Weg geschickt wurde, um als »importierte Braut« den französischen Thronfolger Louis Auguste zu ehelichen.

Die zukünftige »Dauphine« brach am 21. April von Wien auf, um mit dem letzten großen Hofreisezug des 18. Jahrhunderts für immer ihre Heimat zu verlassen. 235 Personen waren mit 57 Wagen nach Paris unterwegs. Lange gab es Streit um den Ort, an dem die Übergabe stattfinden sollte. Dann einigten sich die einst verfeindeten Nationen auf eine unbewohnte Insel im Grenzfluss zwischen Deutschland und Frankreich. Schnell war ein großer Pavillon aufgestellt, mit Tapisserie ausgekleidet und mit kostbarem Mobiliar bestückt – streng unterteilt in einen französischen Teil im Westen und einen österreichischen Teil im Osten. Zwei Zeremonienmeister regelten den Ablauf.

Das 14 Jahre alte Mädchen betrat den österreichischen Teil und musste vor ihrem Hofstaat ihre Kleider ablegen und nackt in den anderen Teil hinübergehen. Dort wurde ihr ein französisches Gewand angelegt, sie wurde mit Pariser Spitze, Strümpfen und Schuhen angekleidet. Kein noch so kleines Accessoire durfte sie für sich behalten, und so wurde aus Maria Antonia Marie Antoinette. Nach der schriftlichen und praktisch vollzogenen Übergabe zog sich der österreichische Hofstaat zurück. Das Tor nach Frankreich wurde geöffnet. Nun lag die Verantwortung für die Weiterfahrt in der Hand des französischen Hofs, es ging zum Schloss Versailles bei Paris.

Die Insel hatte damit ausgedient. Sie wird oft in der Literatur erwähnt, jedoch kann sie heute durch die vielen Begradigungen des Rheins zwischen Kehl und Straßburg nicht mehr sicher zugeordnet werden.

Adresse im Wasser zwischen Straßburg und Kehl | **Tipp** Eine der schönsten mittelalterlichen Kunstsammlungen befindet sich im Musée de l'Œuvre Notre-Dame in der Nähe des Münsters, 3 Place du Château, 67000 Straßburg.

101 Das Vodou-Museum

Magie im Wasserturm

Das Backsteingebäude fällt gleich ins Auge. Zeitgleich mit der Erbauung des Straßburger Bahnhofs entstand 1878 auch ein Wasserturm. Die Nähe hat einen Sinn: Hier wurde das Wasser für die Dampflokomotiven gespeichert. Doch seit den 1940er Jahren stand das Gebäude leer. Im Jahre 2000 erwarben schließlich zwei Architekten das außergewöhnliche Bauwerk, es kam jedoch nie zu einer Nutzung, da die Denkmalschutzauflagen sehr streng waren. 2009 kaufte der Sammler Marc Arbogast diesen Turm mit seinen dicken Mauern und bunten Glasfenstern. Hier hatte der ehemalige Direktor einer Brauerei den geeigneten Ort für seine in mehr als fünf Jahrzehnten gesammelten Kultobjekte aus Westafrika gefunden. So sind Kostüme, Masken, Vodoupuppen und Fetische aus Ghana, Togo und Benin, aber auch zeitgenössische afrikanische Kunst dort ausgestellt.

In einem gigantischen Wassertank zu stehen und die Aura der Vodou-Religion auf sich wirken zu lassen ist ein besonderes Erlebnis. Gut 1000 Einzelstücke hat der französische Museumsleiter Bernard Müller gezählt. Als französischer Ethnologe mit deutschem Vater, der seine Kindheit in Togo verbrachte, ist er hier am richtigen Platz. Er entwarf eine Inszenierung ganz ohne Klischees. So bringen die rituellen Gegenstände das Wissen der traditionellen Religion, Voodoo oder Vodou, von Westafrika nach Europa.

In besonderen Führungen, Kunstinstallationen, Jazzkonzerten, Vorträgen, Filmen und auch Kinderveranstaltungen wird ein abwechslungsreiches Programm geboten. Sogar Kochkurse zum Einstieg in die togolesische Küche gibt es. Ein Vodou-Priester aus Straßburg hält regelmäßig Vodou-Zeremonien ab, für die Gläubigen sind es magische Handlungen.

Marc Arbogast hat seine gesammelten Schätze in diesem ehemaligen Wasserturm einem breiten Publikum zugänglich gemacht. Gedränge kommt nicht auf: Der Besuch ist nur nach vorheriger Anmeldung möglich.

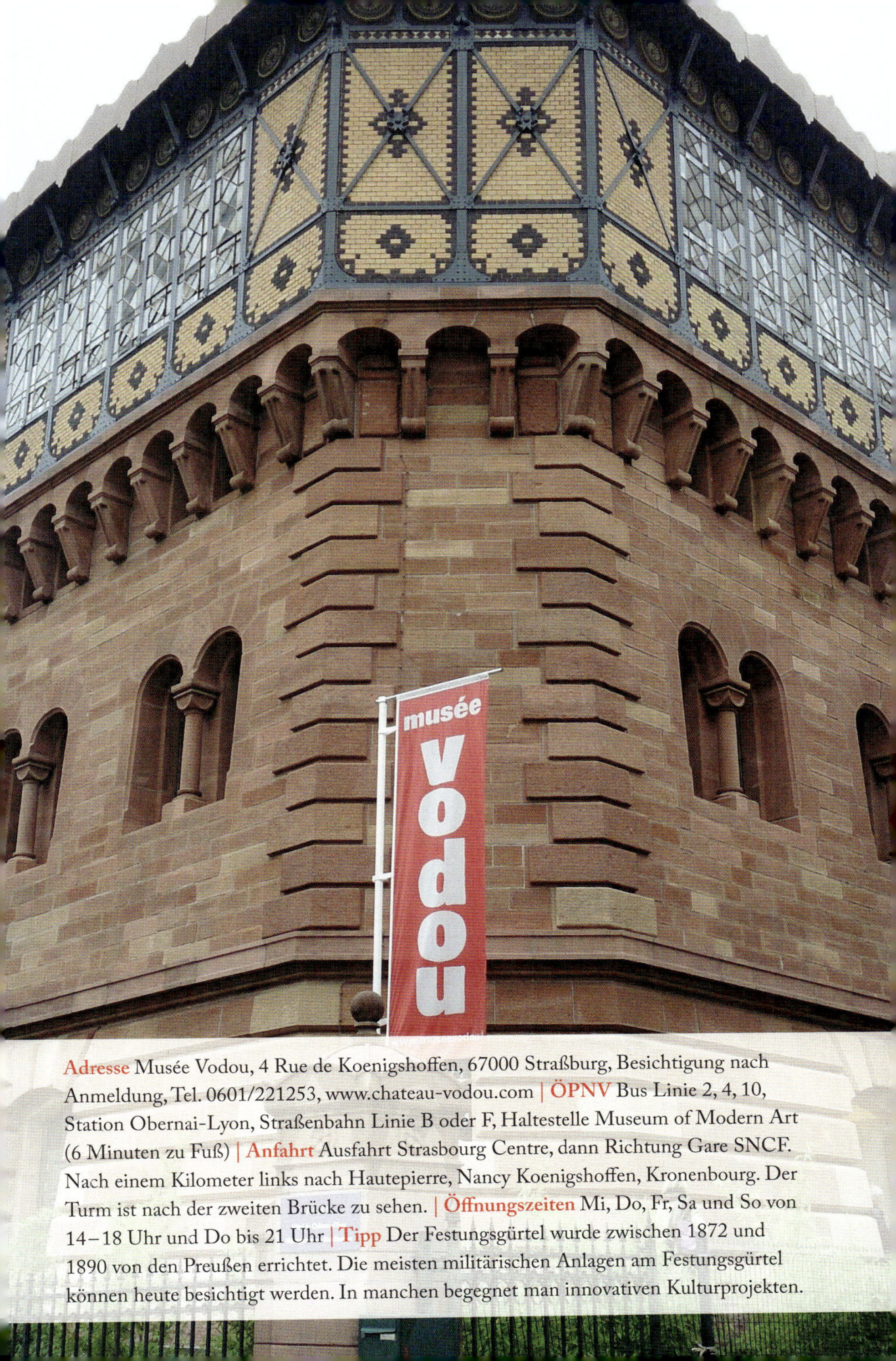

Adresse Musée Vodou, 4 Rue de Koenigshoffen, 67000 Straßburg, Besichtigung nach Anmeldung, Tel. 0601/221253, www.chateau-vodou.com | **ÖPNV** Bus Linie 2, 4, 10, Station Obernai-Lyon, Straßenbahn Linie B oder F, Haltestelle Museum of Modern Art (6 Minuten zu Fuß) | **Anfahrt** Ausfahrt Strasbourg Centre, dann Richtung Gare SNCF. Nach einem Kilometer links nach Hautepierre, Nancy Koenigshoffen, Kronenbourg. Der Turm ist nach der zweiten Brücke zu sehen. | **Öffnungszeiten** Mi, Do, Fr, Sa und So von 14–18 Uhr und Do bis 21 Uhr | **Tipp** Der Festungsgürtel wurde zwischen 1872 und 1890 von den Preußen errichtet. Die meisten militärischen Anlagen am Festungsgürtel können heute besichtigt werden. In manchen begegnet man innovativen Kulturprojekten.

102 Die Felsenlandschaft

Nattern, Raben und Molche am Berg der Götter

Knorrige Wurzelpfade führen in den tieferen Lagen durch Birkenwälder, dann durch Kiefernwälder, und in den Höhen dieser Gegend erreicht man durchaus alpinen Charakter. Hier hat auch der Sturm »Lothar« 1999 seine Spuren hinterlassen. Die Ursprünglichkeit der Vogesen ist auf dem 992 Meter hohen Berggipfel des Taennchel besonders zu spüren. Sogar Luchse soll es hier geben. Seit 1983 wurde die Wildkatze hier wieder heimisch gemacht. Beim Wandern kann man viel Außergewöhnliches erleben.

Ob der Reptilienfelsen an die Form eines Krokodils erinnert, ob man plötzlich vor einem zu Fels erstarrten Wildschwein steht oder an der sagenhaften Brücke vorbeikommt, wo die Feen des Waldes ins Tal hinabstiegen – die sonderbaren Formen der gigantischen Felsen regen die Phantasie an. Zu fast jedem Stein gibt es eine Legende. Drei große Blöcke, fast 16 Meter hoch, bilden die »Drei Tische des Riesen«, auch genannt »Fels der Ringe«. Fürwahr findet man oben auf dem Plateau einen großen Ring, an welchem Noah seine Arche während der Sintflut festgebunden haben soll. Um das nachzuprüfen, wurde 1910 eine große Eisenleiter montiert. Der Lottelfelsen, ein sogenannter Wackelstein, sollte als Gericht Gottes dienen. Frauen, die als Ehebrecherinnen angeklagt waren, wurden hier vorgeführt. Fanden sie die Stelle, die bei Berührung den Fels aus dem Gleichgewicht brachte, waren sie unschuldig und bald wieder frei. Im anderen Fall wurden sie in die nächstliegende Schlucht hinabgestoßen.

Das Massiv des Taennchel besteht aus einem mächtigen Block Buntsandstein, dem eine große Gesteinsschicht aus Granit als Grundlage dient. Die Gipfel sind nur zu Fuß erreichbar. Hier muss in prähistorischer Zeit ein weitreichender Kultort gewesen sein, an dem die Menschen ihren Göttern huldigten. Noch heute zieht der magische Ort Menschen an, die Spiritualität in der Natur erleben möchten.

Adresse 68590 Thannenkirch | **Anfahrt** nach Thannenkirch A 35, E 25, Ausfahrt nach Bergheim D 42.1, hinter Bergheim D 42 nach Thannenkirch, Rue du Thaennchel | **Tipp** Entlang der Heidenmauer auf dem vorderen Teil des Bergmassivs kann man einige Kilometer am Grat entlanglaufen.

103 Die Engelsburg

Mit dem Blick durchs Hexenauge

Auf dem Weg von Mulhouse ins Thurtal sieht man kurz vor Thann einen seltsamen Kreis am Himmel stehen. Doch wer an keltische Opferrituale denkt, irrt sich. In Thann angekommen, ist der Weg einfach zu finden. Vom Platz vor dem St.-Theobald-Münster aus geht es Richtung Hügel, an einem kleinen Museum vorbei. Beim Schild »Engelsburg« befindet sich ein verwunschener Eingang. Stufe für Stufe geht es nach oben. Gutes Schuhwerk ist empfohlen, wenn man den etwa halbstündigen Weg zur ehemaligen Burg emporsteigt.

Die Burg wurde im 13. Jahrhundert von den Grafen von Pfirt erbaut. Sie war ideal gelegen, um die Handelsstraße zwischen Italien und Flandern zu kontrollieren, und galt als Zollstelle und als vermuteter Ursprung der Stadtgründung Thanns. Im 17. Jahrhundert sah der Sonnenkönig Ludwig XIV. keinen Grund mehr für die Aufrechterhaltung der Burg und zerstörte im Jahr 1673 die wehrhafte Anlage. Doch ganz gelang ihm das nicht. Zum Glück für uns heute, denn so entstand ein ganz besonderer Ort, hoch oben über der Stadt Thann.

Der Aufstieg lohnt sich. Gerade im Frühjahr lassen die den Weg säumenden begrünten Steinterrassen mit vielen Blumen und Lilien den Eindruck von mediterranem Flair verspüren. Ist man oben angekommen, informieren mehrere Tafeln über die Geschichte der Burg und ihre verschiedenen Bauphasen. Der Blick auf die Stadt Thann und in die Rheinebene im Südwesten ist einzigartig. Hier wird man mit einer gelungenen Verbindung von Geschichte, Natur und Weitblick belohnt.

Was von unten als ringförmiger Stein erscheint, bekommt ein anderes Gesicht, wenn man direkt davorsteht. Der runde Bergfried stürzte bei der Sprengung den Hang hinunter und blieb als abgebrochener Rest mit der Öffnung zum Tal hin stehen. Die Bewohner der Stadt gaben ihm den Namen Hexenauge – »Œil de la Sorcière«. Wer einmal von oben durchgeschaut hat, weiß vielleicht, warum.

Adresse 68800 Thann | **Anfahrt** A 5 bis Ausfahrt A 36 Richtung Mulhouse, auf E 512 bis Thann | **Tipp** Das Münster in Thann, die Theobaldskirche, gehört zu den Meisterwerken gotischer Baukunst.

104 Le Parc du Petit Prince

Die Rose heißt Consuelo

Am 7. November 1492 schlug einer der ersten Meteoriten, die jemals dokumentiert wurden, hier ein. Ein Rest davon ist heute noch im Museum Palais de la Régence in Ensisheim zu sehen. 55,57 Kilogramm schwer ist das gute Stück. Der erste Luftpark der Welt wurde vom französischen Unternehmen Aérophile aufgebaut, welches Fesselballons in mehr als 30 Länder liefert. Aérophile wird von acht Standorten in Frankreich und den USA aus betrieben.

»Der kleine Prinz«, das bekannteste, in 275 Sprachen übersetzte Buch des Autors und Fliegers Antoine de Saint-Exupéry, ist Namensgeber für den Park, seine Geschichte kann hier an 30 Stationen nacherlebt werden. Zwei große Fesselballons steigen 150 Meter hoch in die Luft und belohnen mit einem wunderschönen Ausblick auf die Vogesen und den Schwarzwald.

In drei Kinosälen kann man 3-D-Filme sehen. Und in den zwei riesigen Labyrinthen sind Schafe und Füchse zu entdecken.

Wer mehr von Saint-Exupéry sehen will, wird im Restaurant des Parks fündig. An den Wänden hängen Fotos dieses weltberühmten Autors, der sein Leben lang zwischen Fliegen und Schreiben hin- und hergerissen war. Mit zwölf Jahren durfte er zum ersten Mal in einem Flugzeug mitfliegen, seitdem ließ ihn die Faszination nicht mehr los. Er begann eine Ausbildung zum Marineoffizier, brach ein Architekturstudium ab und wurde schließlich im Wehrdienst zum Piloten ausgebildet. Nach seinem ersten Buch »Der Flieger« schrieb er 1943 in New York »Le petit prince«. Nach der Bibel und dem »Kapital« von Karl Marx hält das Buch den dritten Platz auf der Weltbestsellerliste. In Argentinien richtete er die Flugpost- und Luftfrachtlinien ein, ein Plan hiervon hängt im Park-Restaurant. Seine ersten Nachtflüge verarbeitete er in seinem Buch »Vol de nuit« 1931.

Übrigens, die berühmte Rose aus »Der kleine Prinz« trägt den Namen seiner Frau – »Consuelo«, die Tröstende.

Adresse 68190 Ungersheim, Tel. 0389/624300, www.parcdupetitprince.com | **Anfahrt** A 5 bis Ausfahrt A 36 Richtung Mulhouse, auf A 36 bis Ausfahrt 18 Richtung Guebwiller, dann D 430 und D 44 bis Ungersheim | **Öffnungszeiten** siehe Homepage | **Tipp** In der aufsteigenden Aérobar sollte man unbedingt in 35 Meter Höhe ein Glas Sekt trinken und dabei die wunderschöne Aussicht genießen.

105 La Ferme Bleue

Romantik in Kobaltblau

In Uttenhofen sind viele Häuser blau. Wie bei den anderen blauen Häusern im Elsass stammt die Farbe ursprünglich aus der Bleiproduktion, wo sie ein einfaches Abfallprodukt war. Die protestantischen Hugenotten fanden im 17. Jahrhundert im Hanauer Land Zuflucht, einem Gebiet nördlich von Straßburg und rund um Kehl. Hier waren die Besitztümer der Grafen von Hanau-Lichtenberg, ein Geschlecht, das so wie die Hugenotten dem reformierten Glauben anhing. Die Hugenotten waren meist sehr arm und konnten sich die weiße und ockerfarbene Putzfarbe nicht leisten. Ihnen kam der billige Abfallstoff gerade recht, und sie nutzten ihn gerne, ungeachtet der giftigen Substanzen. Die heute verwendete blaue Farbe ist natürlich nicht mehr gesundheitsschädlich.

Das Blau der »Ferme Bleue« hat einen ganz besonderen Farbton. Er zieht magisch an und besticht durch seine Tiefe. So weiß man beim Eintritt in dieses bäuerliche Anwesen aus dem Jahre 1648 nicht, ob es die Farben sind oder die vielen wunderbaren Blumen, die den Besucher in ihren Bann ziehen. Viele kleine Hofsituationen, versteckte Winkel und kleine gemütliche Ecken laden zum Verweilen ein. Es ist die einfache Natürlichkeit, die überzeugt. Der Gast wird bei seinem Besuch im Gartencafé gerne darüber aufgeklärt, dass die geduldigen und ideenreichen Hände zweier Künstler dahinterstecken.

Alain Soulier und Jean-Louis Cura haben hier als Landschaftsarchitekten ein wahres Paradies geschaffen. Sie spielen mit Farben und Lichteinfällen, nutzen Sonne und Schatten, statten ein Gewächshaus für Tomaten und Feigen mit einem schönen alten Fliesenboden aus. In der weiträumigen ehemaligen Scheune haben sie ein Restaurant stilvoll eingerichtet. Es nennt sich bescheiden »Tea Room« und lockt zum Brunch mit Gugelhupf. Hier möchte man einmal die gesamte Familie einladen. Sogar die Tante aus Amerika wäre hellauf begeistert.

Adresse 21 Rue Principale, 67110 Uttenhofen, Tel. 0388/728435, www.jardinsdelafermebleue.com | **Anfahrt** von Hagenau die D 1062 nach Uttenhofen | **Öffnungszeiten** täglich Mai – Ende Sept. 12 – 18 Uhr, außer Mo, So 10.30 – 18 Uhr | **Tipp** In Uttenhofen, dem kleinsten Dorf der Verwaltungseinheit, steht die kleinste Kirche im Elsass mit einem Glockenturm in Fachwerkbauweise. Einmal im Jahr wird hier die katholische Messe gefeiert.

106 Die Maginot-Linie

Nutzloser Schutzwall

Über Jahrhunderte wurde heftig darum gestritten, zu welcher Nation das Elsass gehört. Bei einer Wanderung entlang der Befestigungslinie wird anschaulich, mit welch enormer Anstrengung der Konflikt zwischen den benachbarten Nationen betrieben wurde. Direkt nach dem Ersten Weltkrieg, dem »Grand Guerre«, wie ihn die Franzosen nennen, wurde 1919 die Linie geplant, und 1930 begann man mit dem Bau. 1936 bestanden 25 befestigte Abschnitte, 20 in Nordfrankreich. Das Elsass und die Vogesen gehörten zu dem am stärksten ausgebauten Teil, etwa 200 Kilometer lang, von Bitche bis Lembach und von dort bis Fort-Louis. Kriegsminister André Maginot gab der Verteidigungslinie seinen Namen; die Festungsanlagen sollten den Franzosen zur Verteidigung gegen Angriffe des Nachbarlandes dienen.

Alle Anlagen wurden damals auf dem modernsten Stand der Technik gebaut, so stattete man die Bunker mit Großküchen, Kommandozentralen, Maschinenräumen und großen Geschützen aus. Einige boten Platz für 630 Männer, wie zum Beispiel die Festung in Schoenenburg. Für drei Monate war die Versorgung mit Lebensmitteln und Wasser gesichert, Munitionsvorräte waren ausreichend vorhanden. Diese Ausstattung bewährte sich, als die deutsche Artillerie am 14. Mai 1940 die Festung angriff. Sie hielt der Bombardierung aus der Luft stand, 3.000 Geschosse und Bomben konnten ihr nichts anhaben. Doch schon kurz darauf war sie nutzlos geworden, die deutsche Wehrmacht marschierte über Nacht in Belgien ein, sie hatte den Feind einfach überlistet.

Die Verteidigungslinie, die in ihrer ganzen Länge von der Nordsee bis zum Mittelmeer reicht, ist seit den 1980er Jahren für jeden begehbar. Ob in Schoenenburg, Lembach oder Mutzig – es ist jedes Mal ein beeindruckendes und befremdliches Erlebnis, diese Anlagen hautnah zu erleben. Vieles ist noch weitgehend intakt und somit ein Zeugnis dieser bewegten Zeiten.

Adresse www.tourisme67.com/de/ort-der-erinnerung/die-maginot-linie-elsass.htm | **Anfahrt** in Straßburg auf die A 4, hinter Brumath Richtung Hagenau, dort auf die A 340, dann auf die D 1340, an Hagenau vorbei auf die D 27 Richtung Lembach | **Tipp** Im Artilleriewerk »Four à Chaux« (dt. Kalkofen) bei Lembach gab es sogar einen Operationssaal und ein Raucherzimmer, www.lignemaginot.fr, 2 Route de Bitche, 67510 Lembach.

107 Der Bahnhof Volgelsheim

Ein Filmstar neben Jean Gabin

Nachdem Deutschland den Deutsch-Französischen Krieg 1871 gewonnen hatte, wurde Elsass-Lothringen dem Deutschen Kaiserreich angegliedert. Der Bahnhof in Volgelsheim, damals noch zu Neubreisach gehörend, wurde 1880 im wilhelminischen Stil mit Vogesensandstein gebaut. Als typische Merkmale der damaligen Bahnhofsarchitektur galten der bergfriedartige Uhrenturm, das integrierte Empfangsgebäude und im Obergeschoss die Wohnung des Bahnhofsvorstehers. Die 1878 aus wirtschaftlichen und strategischen Gründen erbaute Bahnlinie Freiburg–Colmar hatte hiermit eine wichtige Station. Nachdem im Februar 1945 die Eisenbahnbrücke bei Breisach gesprengt wurde, blieb die Gleisstrecke jedoch ungenutzt.

Der 1983 von Eisenbahnfreunden gegründete Verein renovierte die Gleisanlage und nahm sie wieder in Betrieb. Man holte von anderen stillgelegten Strecken Gleise und Schwellen und schuf nach den zahlreichen Annexionen und Kriegen eine Verbindung zur ursprünglichen Strecke. 1993 kaufte die Gemeinde das Gebäude und machte es nach der Restaurierung zu einem der letzten vollständig erhaltenen historischen Bahnhöfe im Elsass. Heute befindet sich darin die Ausstellung »Elsässische Eisenbahnen«. Wer den Bahnhof Volgelsheim in Miniatur besitzen möchte, findet bei der Firma Faller den gleichnamigen Bausatz mit 262 Einzelteilen zum Zusammenbasteln.

Der elsässische Bahnhof diente auch als Kulisse für den Film »La grande illusion« von Jean Renoir von 1937, der Geschichte einer eigentümlichen Freundschaft zwischen einem französischen adligen Stabsoffizier und einem deutschen Major – ein Film mit pazifistischem Hintergrund, der zuerst in Deutschland und 1940 auch in Frankreich verboten wurde.

Der Verein »Chemin de Fer Touristique du Rhin« bietet heute Ausflüge mit dem »Ried Express« an, einer historischen Dampflokomotive Typ »Elsässische T3«, Baujahr 1900, mit Wagen mit offenen Plattformen.

Adresse 2 Rue de la Gare, 68600 Volgelsheim, www.touristenbahn-elsass.de | **Anfahrt** von der A 5 an der Anschlussstelle 64A Bad Krozingen auf die B 31 (nach der Grenze N 415) in Richtung Breisach / Colmar bis Ausfahrt Volgelsheim | **Tipp** Auf dem Kanal de Vauban wurde das nötige Baumaterial zum Festungsbau für Neuf-Brisach aus den Vogesen herangeschafft. Heute ist er als kleines Flüsschen westlich der Stadt Neuf-Brisach noch zu sehen.

108 Das Oberlin-Museum

Ein Stück von Luthers Schreibtisch

Er war gerade mal 27 Jahre alt, als er mit seiner Familie 1767 nach Waldersbach kam. Doch seine Pfarrstelle in diesem kleinen Ort reichte ihm nicht aus. Er wollte etwas bewegen.

Der protestantische Pastor Johann Friedrich Oberlin, aus wohlhabender Straßburger Familie stammend, bewirkte über diesen kleinen Ort hinaus Erstaunliches. Der Sozialreformer gilt als Vater der Kindergärten, er gründete landwirtschaftliche Vereine, kümmerte sich um neue Anbaumethoden und ebnete durch seine sozialpädagogische Arbeit vielen Frauen den Weg in eine anerkannte Berufswelt. Er studierte Philosophie, Naturwissenschaften und Medizin, entdeckte eine neue Kartoffelsorte, eröffnete eine Kreditanstalt, richtete Kinderbetreuungsstätten ein und beschäftigte sogar die ersten angestellten Hebammen im Elsass. Oberlin war der Meinung, dass jeder Einzelne für die Allgemeinheit lebt, und er selbst lebte diese Auffassung vor.

Im Museum Oberlin gibt es vieles zu sehen, was »Papa Oberlin« damals gesammelt hat. Steigt man die Holzstufen zu dem mit Holz und Stein umgebauten ehemaligen Wohnhaus hinauf, findet man sich in einem naturhistorischen Kabinett wieder. In den vielen Schaukästen und Schubladen gibt es skurrile Dinge zu entdecken. 3.600 botanische Karten hat Oberlin gemeinsam mit seinen Söhnen gezeichnet. Hier kann man sich bildhaft vorstellen, dass dieser Mann schon dreijährige Kinder für Botanik interessierte. Im ehemaligen Speisezimmer der Oberlins – die Familie hatte neun Kinder – ist heute eine Kuriositätensammlung zu bewundern. Vollständige Gerippe von Eidechsen, eine Sammlung von Eiern in unterschiedlichen Formen, Edelsteine und Gehörknöchelchen sind zu sehen. Sogar ein Holzstück, welches von Luthers Schreibtisch stammen soll, kann bewundert werden. Echtheit nicht garantiert.

Der Ort lebt auch in Büchners Lenz-Novelle fort, die auf Oberlins Tagebucheinträgen basiert.

Adresse 5 Rue Montée Oberlin, 67130 Waldersbach, Tel. 0388/973027 | **Anfahrt** von Straßburg die A35 nach Illkirch-Graffenstaden, dann die A352 Richtung Mutzig, von hier immer auf der Straße nach Waldersbach | **Öffnungszeiten** 1. Okt.–31. März täglich 14–18 Uhr (morgens nach Absprache), Di geschlossen, 1. April–30. Sept. täglich 10–19 Uhr, Di geschlossen | **Tipp** Im nahen Obernai gibt es den 1579 von Handwerkern aus Straßburg erbauten »Sechs-Eimer-Brunnen« zu sehen. Er ist im Renaissancestil mit drei Säulen und korinthischen Kapitellen gebaut. Ins achteckige Baldachin sind Bibelzitate aus dem Neuen Testament eingemeißelt.

109 Die Gewerbezeichen

Brezeln und Werkzeuge auf Schritt und Tritt

Das Handwerk war hier schon immer ein starker Wirtschaftsfaktor, der zusammen mit dem Weinbau den Reichtum der elsässischen Städte begründete. Darum ist es nicht verwunderlich, dass es im Elsass die meisten Gewerbezeichen in ganz Frankreich gibt. Schon die Straßennamen in den Städten und Dörfern weisen häufig auf die damaligen Gewerbe hin. Traditionelle elsässische Familiennamen wie Wagner, Fischer, Metzger und Zimmermann erinnern ebenfalls an die handwerklichen Berufe.

Für diejenigen, die des Lesens nicht kundig waren, hängte man ein Zeichen über den Eingang, sodass jeder sofort Bescheid wusste, welches Handwerk hier zu finden war.

Wasselonne ist eine Fundgrube für diejenigen, die sich von solchen Gewerbezeichen begeistern lassen. Mehr als 50 dieser Zeichen sind hier registriert. Fast 20 verschiedene Handwerke werden dargestellt. Viele davon gibt es heute nicht mehr. Huf- und Nagelschmied sind noch bekannt, aber wer kennt noch den Tuchscherer? Die liebevoll in den meist roten Sandstein gemeißelten Zeichen sind nicht nur informativ, sondern schmücken auch den Hauseingang. Einige sind in Fachwerkbalken geschnitzt, andere befinden sich an Kellereingängen oder Fassaden. Neben den Initialen der Handwerker ist häufig auch das Entstehungsjahr der Häuser, meist im 18. Jahrhundert, zu erkennen.

Die einzelnen Gewerbe werden oft mit ihren dazugehörenden Arbeitsutensilien dargestellt. So findet man zum Beispiel den Metzger mit Hackbeil und Rinderkopf oder den Barbier mit seinem Werkzeug: Rasiermesser, Klinge und Spatel. Die Volkszählung von 1788 ergab 15 Bäcker und 16 Metzger, während das Textilgewerbe zehn einzelne Gewerbe registrierte. Hierzu gehörten die Weber, Wollweber, Mützenwirker und Hutmacher. Am häufigsten findet man in Wasselonne die Brezel, das Markenzeichen des Elsass – übrigens auch im Schriftzug der Tourismuswerbung für das Elsass benutzt.

Adresse Tourist-Info, 13 Place du Marché, 67310 Wasselonne, Tel. 0388/591200 | **Anfahrt** A 5 bis Ausfahrt Appenweier, B 28 in Richtung Appenweier / Kehl / Straßburg, Avenue du Pont de l'Europe / E 52 / N 4 bis Ausfahrt A 35 / E 25, dann über A 351, N 4 und D 1004 nach Wasselonne | **Tipp** Am besten holt man sich die Informationsbroschüre zu diesem Themenweg in der Tourist-Info. Hiermit kann man auf der Straße, in Innenhöfen und auf dem protestantischen Friedhof auf die Suche gehen und viele besondere Entdeckungen machen.

110 Das Museum Lalique

Eine beleuchtete Kühlerfigur

Als das Elsass nach dem Ersten Weltkrieg wieder zu Frankreich gehörte, gab es Fördermaßnahmen von der Regierung. René Lalique nutzte dies und ließ sich hier nieder, um seine Glasfabrik zu errichten. Der humanistische Künstler wollte dem »Volk« Kunstgegenstände zugänglich machen. Seine Glasobjekte sind heute in Museen in Paris, Lissabon und im japanischen Hakone zu finden. René Laliques künstlerische Laufbahn begann als Juwelier, doch seine ganz eigenen Ideen verwirklichte er mit damals eher unüblichen Materialien – Horn, Elfenbein und Email. Später wechselte er zum Werkstoff Glas. Als Motive dienten ihm Tier- und Pflanzendarstellungen, aber auch der weibliche Körper faszinierte ihn.

Der Künstler schuf Kronleuchter, Vasen und Dekorationsgegenstände, die zum Teil in Kirchen in Paris, Reims und Jersey zu sehen sind. Aber auch die Kühlerfigur so manchen luxuriösen Automobils in den 1920er Jahren stammte von ihm.

Die Tradition dieser talentierten Familie wurde noch für einige Zeit fortgeführt. So trat der Sohn René Laliques die Nachfolge an und widmete sich vor allem dem Werkstoff Kristallglas. Das Lichtspiel der Kristalle reizte ihn wie einst den Vater die außergewöhnlichen Materialien. Die Enkelin Marie-Claude übernahm in den 1970er Jahren die Unternehmensführung und brachte Farbe in die Glaskollektion.

Der heutige Eigentümer der Firma Lalique, Silvio Denz, tritt in der Ausstellung als Privatsammler auf. Seine 230 Parfümflakons, die alle Entwürfe von René Lalique sind, können in der Ausstellung bestaunt werden. Ein besonderer Genuss für Liebhaber von Glasobjekten. Bild-, Audio- und Multimedia-Inszenierungen werden in der ehemaligen Glasmanufaktur aus dem 18./19. Jahrhundert gelungen eingesetzt. Das Werk Laliques wird in allen Facetten brillant beleuchtet. Zu einem Mitbringsel aus der aktuellen Lalique-Kollektion im Museumsshop kann man da nicht Nein sagen.

Adresse 40 Rue du Hochberg, 67290 Wingen-sur-Moder, Tel. 0388/890814, www.musee-lalique.com | **Anfahrt** Soufflenheim Richtung Hagenau, weiter über D 1063 und D 919 nach Wingen-sur-Moder | **Öffnungszeiten** 1. Feb. – 31. März Di – So 10 – 18 Uhr, 1. April – 30. Sept. täglich 10 – 19 Uhr, 1. Okt. – 30. Nov. Di – So 10 – 18 Uhr, im Dezember täglich 10 – 19 Uhr, im Januar und am 25. Dezember geschlossen; wenn ein Feiertag auf einen Montag fällt, ist das Museum geöffnet | **Tipp** Die Glashütte von Meisenthal gehört bei diesem Besuch einfach dazu. Hier wurden die ersten Christbaumkugeln aus Glas hergestellt. www.etoiles-terrestres.fr

111_Die Brauerei Holtzmann

Getrocknete Zapfen in der Hopfenhauptstadt

Im Jahre 1630 führte Wingersheim als erster Ort von 45 Dörfern die Errichtung der Steuer auf Wein ein. Lange Zeit lebten die Menschen vom Weinbau, das ging gut. Doch nach dem Ersten Weltkrieg änderte sich die Situation, Krankheiten befielen die Weinstöcke. Heute werden nur noch weniger als 5,5 Hektar Fläche für den Weinanbau genutzt. Doch zum Glück gab es eine Alternative.

Schon 1775 sollen der Pfarrer Ehrenpfort und ein deutscher Brauer das Bierbrauen im Hagenauer Land vorangetrieben haben. Die Landschaft hat sich verändert. Überall sieht man in die Höhe wachsende Hopfenstauden. Bis zu zehn Meter hoch können sie werden. Sie strecken sich nach Luft und Sonne in den Himmel, auf Wind reagieren sie empfindlich. Die hier angebaute Sorte wird Strisselspalt genannt. Heute bauen zehn Betriebe auf 85 Hektar Hopfen an, das entspricht elf Prozent der landwirtschaftlichen Anbaufläche im Elsass.

Auf einem 4,5 Kilometer langen Rundweg kann man einer ausgeschilderten Route folgen und alles über den Hopfenanbau in dieser Gegend erfahren. Hier kann man junge Triebe oder die schuppenartige Form der seltsam-schönen Zapfen aus der Nähe betrachten. Bis zu 7.000 Blüten bringt eine Pflanze hervor. Am Ende des Sommers duftet der Hopfen, besonders an sonnigen Tagen. Die Ernte erfolgt durch mechanische Erntemaschinen. Etwa zwei Tonnen werden pro Hektar geerntet. Bei der weiteren Verarbeitung werden die Harze und ätherischen Öle aus den Lupulindrüsen der Hopfendolden in siedendem Wasser gelöst, daher der leicht bittere Geschmack des Bieres.

Sébastien Holtzmann ist einer der Jüngeren, die neben dem Anbau auch das Brauen übernehmen. Der heimische Hopfenbauer in der vierten Generation produziert nur Biere aus natürlichen Zutaten. Er verzichtet auf das Filtern, die Pasteurisierung und die doppelte Gärung. Sein helles »Strisselgold« ist besonders empfehlenswert.

Adresse Brasserie Holtzmann, 40 Rue des Vignes, 67170 Wingersheim, Tel. 0388/514841, www.brasserie-holtzmann.fr | **Anfahrt** von Straßburg die A 4/A 35 Richtung Norden, auf die D 30 Richtung Bilwisheim, Wingersheim | **Öffnungszeiten** Mi 16–19 Uhr, Sa 14–18 Uhr | **Tipp** Die 1875 gebaute Synagoge in der 10 Rue de la Victoire wurde unter deutscher Besetzung als Milchsammelstelle zweckentfremdet. Ein Besuch ist lohnenswert.

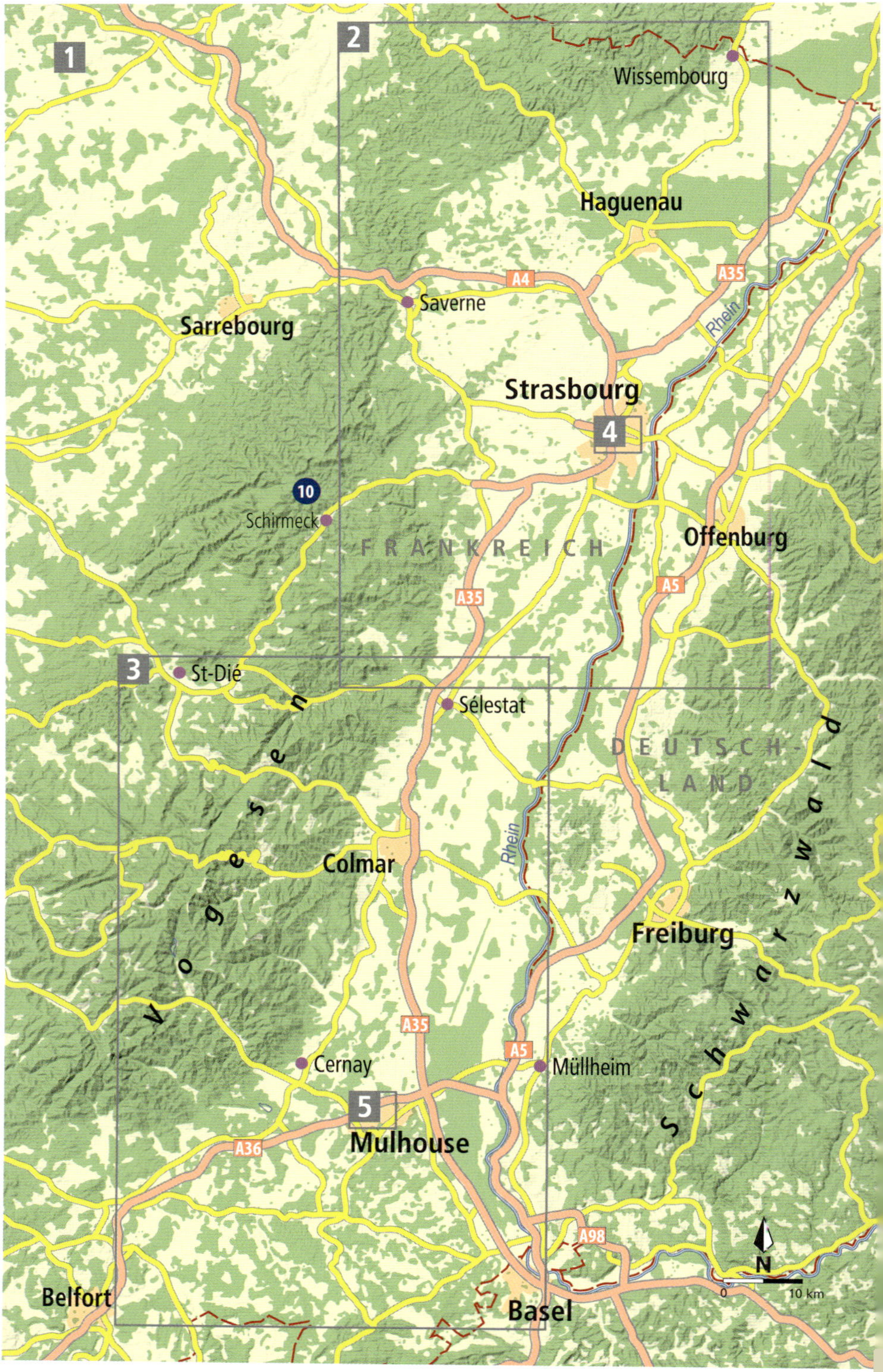
1
2
Wissembourg
Haguenau
A4
A35
Saverne
Sarrebourg
Rhein
Strasbourg
4
10
Schirmeck
FRANKREICH
Offenburg
A35
A5
3
St-Dié
Sélestat
Vogesen
DEUTSCHLAND
Schwarzwald
Rhein
Colmar
Freiburg
A35
A5
Cernay
Müllheim
5
Mulhouse
A36
A98
N
0
10 km
Belfort
Basel

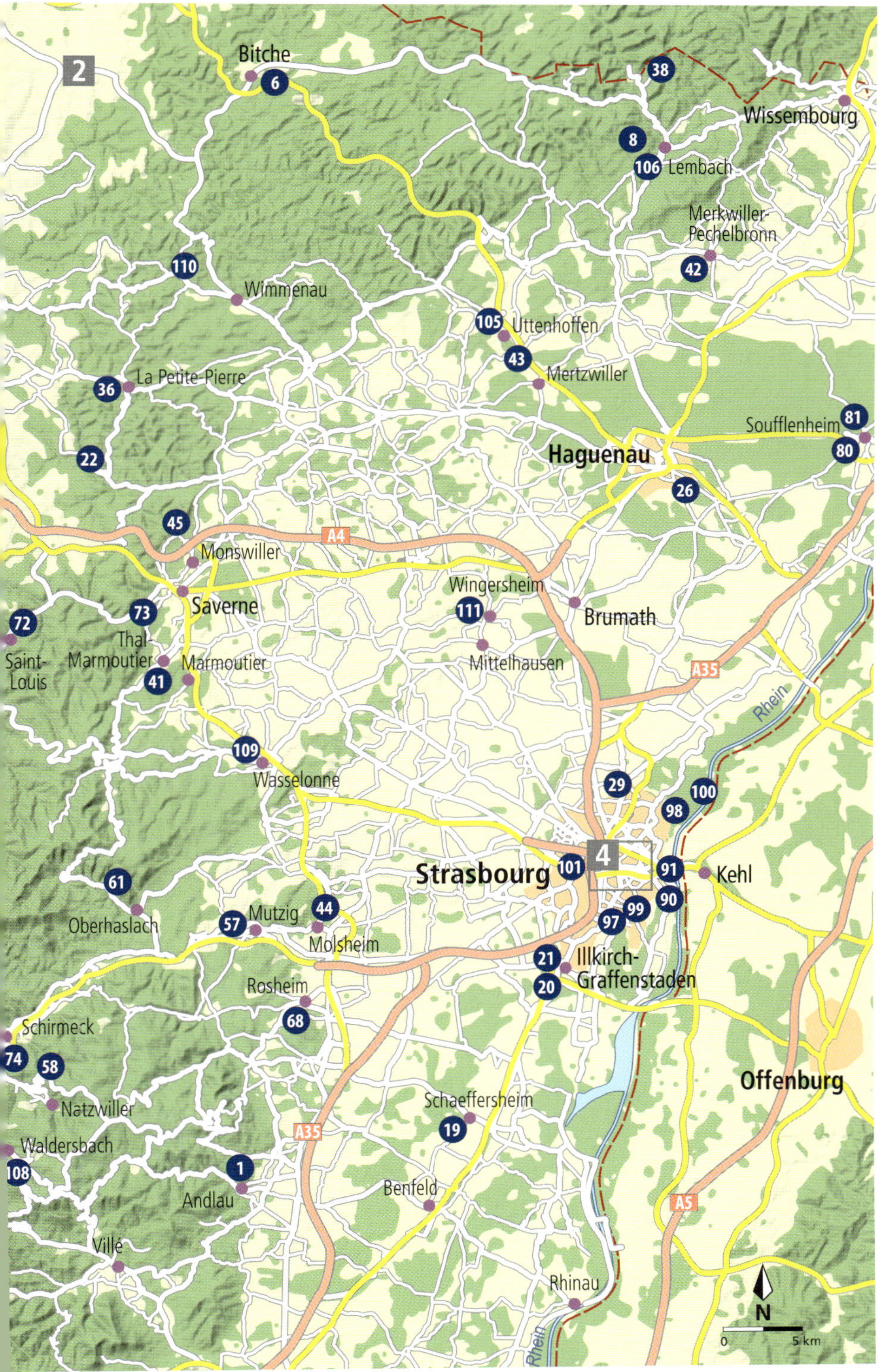
2
Bitche
6
38
Wissembourg
8
106
Lembach
Merkwiller-
Pechelbronn
42
110
Wimmenau
105
Uttenhoffen
43
Mertzwiller
36
La Petite-Pierre
22
Soufflenheim
81
80
Haguenau
26
45
A4
Monswiller
Saverne
Wingersheim
111
Brumath
72
73
Thal-
Marmoutier
Marmoutier
Saint-
Louis
41
Mittelhausen
A35
Rhein
109
Wasselonne
29
100
98
4
Strasbourg
101
91
Kehl
61
90
99
97
57
Mutzig
44
Oberhaslach
Molsheim
21
Illkirch-
Graffenstaden
20
Rosheim
68
Schirmeck
74
58
Natzwiller
Offenburg
Schaeffersheim
19
Waldersbach
A35
108
1
Andlau
Benfeld
A5
Villé
Rhinau
Rhein
N
0
5 km

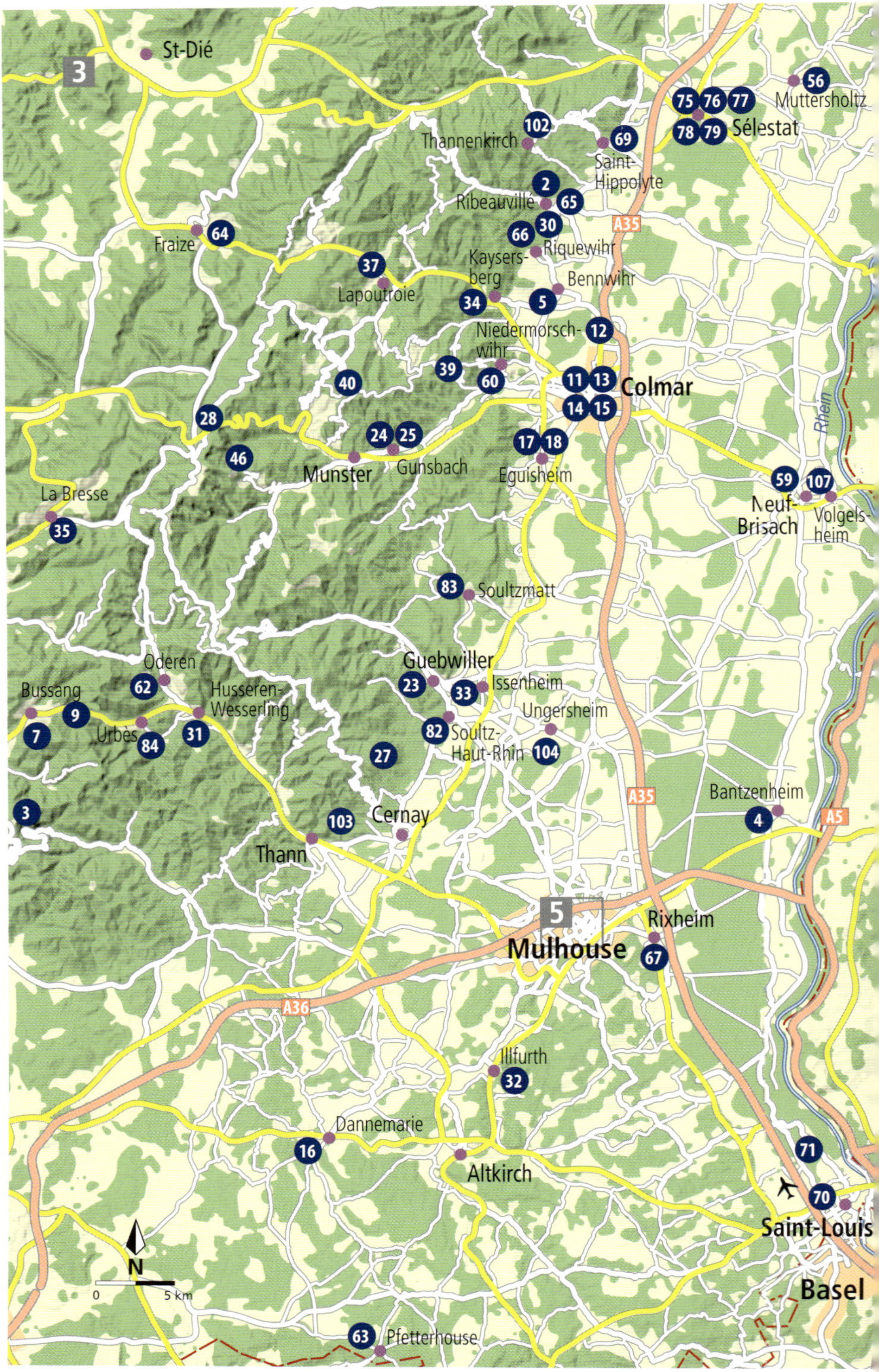

3
St-Dié
Thannenkirch
Saint-Hippolyte
Muttersholtz
Sélestat
Ribeauvillé
Fraize
A35
Riquewihr
Kaysersberg
Lapoutroie
Bennwihr
Niedermorschwihr
Colmar
Rhein
Munster
Gunsbach
Eguisheim
La Bresse
Neuf-Brisach
Volgelsheim
Soultzmatt
Guebwiller
Oderen
Issenheim
Bussang
Husseren-Wesserling
Ungersheim
Urbès
Soultz-Haut-Rhin
Bantzenheim
Cernay
Thann
A5
5
Rixheim
Mulhouse
A36
Illfurth
Dannemarie
Altkirch
Saint-Louis
N
0
5 km
Basel
Pfetterhouse

4
Avenue des Vosges
Avenue de la Paix
Blvd. du Président Wilson
Place de
la République
Avenue de la Forêt Noire
Place
Broglie
Place
Kléber
Boulevard de la Victoire
STRASBOURG
Rue de la 1RE Armée
Quai des Alpes
N
0
250 m
85
95
87
89
93
86
88
94
96
92

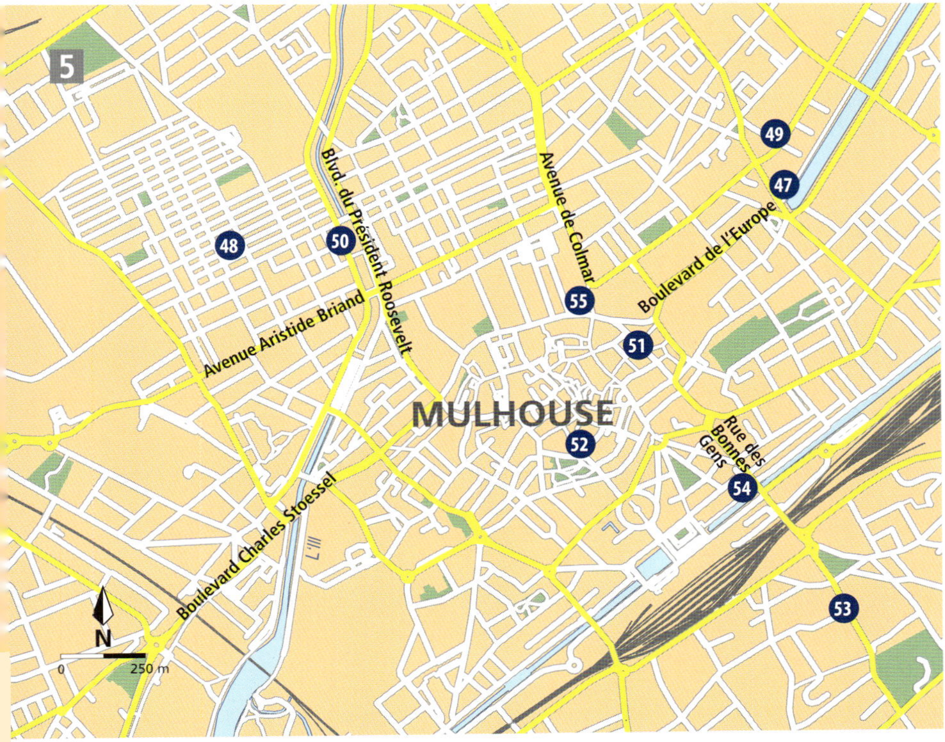
5
Blvd. du Président Roosevelt
Avenue de Colmar
Boulevard de l'Europe
Avenue Aristide Briand
MULHOUSE
Rue des
Bonnes
Gens
Boulevard Charles Stoessel
N
0
250 m
49
47
48
50
55
51
52
54
53

Rüdiger Liedtke
111 Orte auf Mallorca, die man gesehen haben muss
ISBN 978-3-89705-975-7

Susanne Thiel
111 Orte in Madrid, die man gesehen haben muss
ISBN 978-3-95451-118-1

Ralf Nestmeyer
111 Orte in der Provence, die man gesehen haben muss
ISBN 978-3-95451-094-8

Peter Eickhoff
111 Orte in Wien, die man gesehen haben muss
ISBN 978-3-89705-969-6

Stefan Spath
111 Orte in Salzburg, die man gesehen haben muss
ISBN 978-3-95451-114-3

Jo-Anne Elikann
111 Orte in New York, die man gesehen haben muss
ISBN 978-3-95451-512-71

Dirk Engelhardt
111 in Barcelona, die man gesehen haben muss
ISBN 978-3-95451-066-5

John Sykes
111 Orte in London, die man gesehen haben muss
ISBN 978-3-95451-117-4

Annett Klingner
111 Orte in Rom, die man gesehen haben muss
ISBN 978-3-95451-219-5

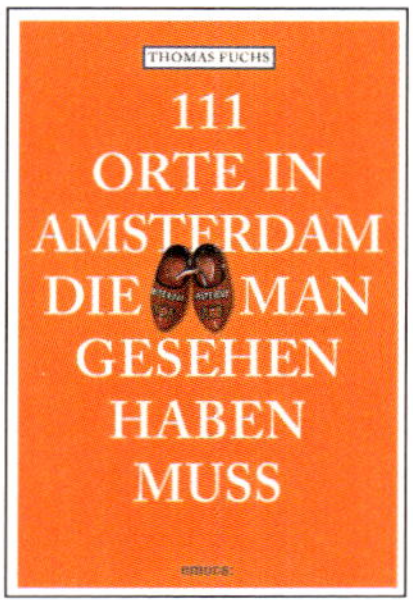

Thomas Fuchs
111 Orte in Amsterdam, die man gesehen haben muss
ISBN 978-3-95451-209-6

Stefan Spath, Gerald Polzer
111 Orte im Salzkammergut, die man gesehen haben muss
ISBN 978-3-95451-231-7

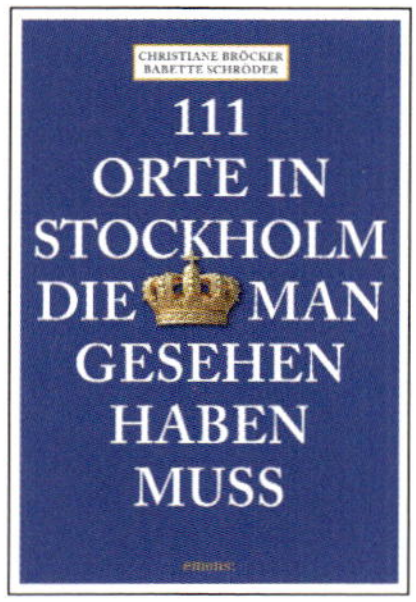

Christiane Bröcker, Babette Schröder
111 Orte in Stockholm, die man gesehen haben muss
ISBN 978-3-95451-203-4

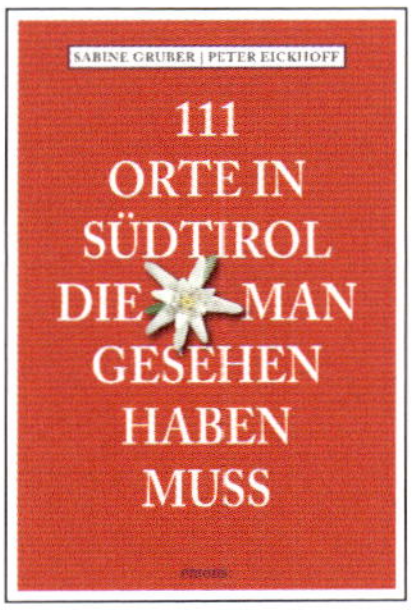

Sabine Gruber, Peter Eickhoff
111 Orte in Südtirol, die man gesehen haben muss
ISBN 978-3-95451-318-5

Marcus X. Schmid
111 Orte in Istanbul, die man gesehen haben muss
ISBN 978-3-95451-333-8

Gerd Wolfgang Sievers
111 Orte in Venedig, die man gesehen haben muss
ISBN 978-3-95451-352-9

Rüdiger Liedtke, Laszlo Trankovits
111 Orte in Kapstadt, die man gesehen haben muss
ISBN 978-3-95451-456-4

Eckhard Heck
111 Orte in Maastricht, die man gesehen haben muss
ISBN 978-3-95451-368-0

Petra Sophia Zimmermann
111 Orte am Gardasee und in Verona, die man gesehen haben muss
ISBN 978-3-95451-344-4

Lucia Jay von Seldeneck, Carolin Huder, Verena Eidel
111 Orte in Berlin, die man gesehen haben muss
ISBN 978-3-89705-853-8

Bernd Imgrund
111 Kölner Orte, die man gesehen haben muss
Band 1
ISBN 978-3-89705-618-3

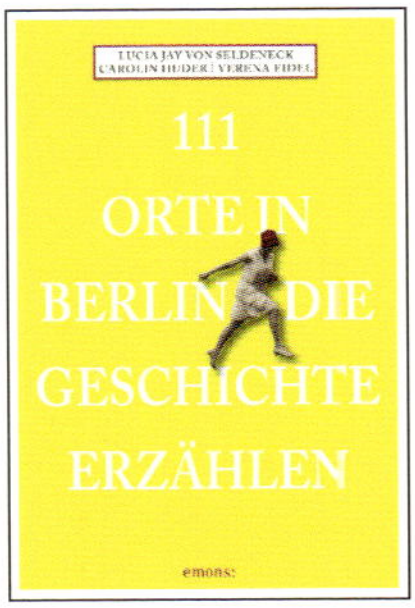

Lucia Jay von Seldeneck, Carolin Huder, Verena Eidel
111 Orte in Berlin, die Geschichte erzählen
ISBN 978-3-95451-039-9

Rike Wolf
111 Orte in Hamburg, die man gesehen haben muss
ISBN 978-3-89705-916-0

Gabriele Kalmbach
111 Orte in Stuttgart, die man gesehen haben muss
ISBN 978-3-95451-004-7

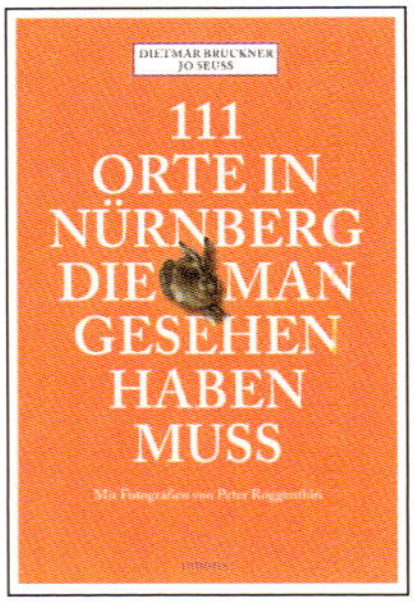

Dietmar Bruckner, Jo Seuß
111 Orte in Nürnberg, die man gesehen haben muss
ISBN 978-3-95451-042-9

Rüdiger Liedtke
111 Orte in München, die man gesehen haben muss
ISBN 978-3-89705-892-7

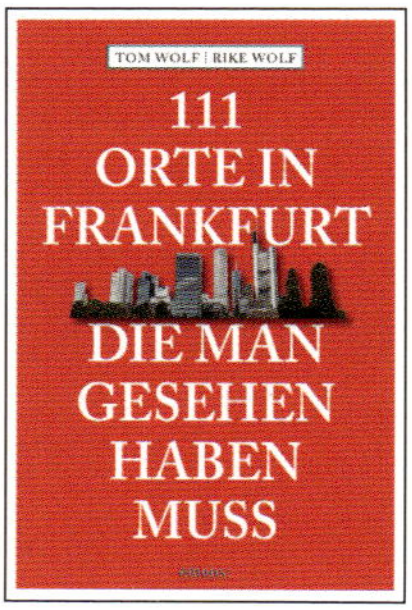

Rike Wolf, Tom Wolf
111 Orte in Frankfurt, die man gesehen haben muss
ISBN 978-3-95451-342-0

Peter Eickhoff
111 Düsseldorfer Orte, die man gesehen haben muss
ISBN 978-3-89705-699-2

Dietmar Bruckner,
Michaela Moritz
111 Orte in Bayreuth und der Fränkischen Schweiz, die man gesehen haben muss
ISBN 978-3-95451-130-3

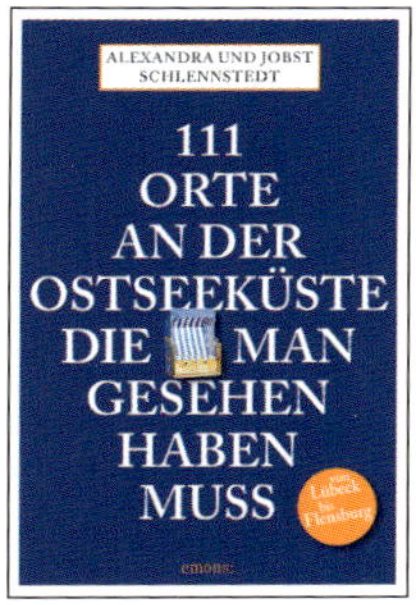

Alexandra und
Jobst Schlennstedt
111 Orte an der Ostseeküste, die man gesehen haben muss
ISBN 978-3-89705-824-8

Ulf Annel
111 Orte in Erfurt, die man gesehen haben muss
ISBN 978-3-95451-022-1

Werner Schwanfelder
111 Orte in Mittelfranken, die man gesehen haben muss
ISBN 978-3-95451-336-9

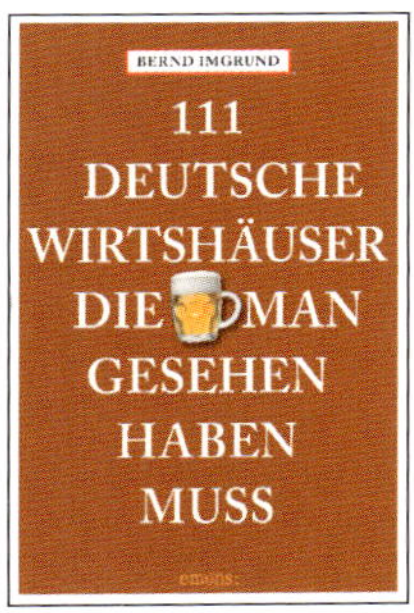

Bernd Imgrund
111 deutsche Wirtshäuser, die man gesehen haben muss
ISBN 978-3-95451-080-1

Cornelia Kuhnert
111 Orte in Hannover, die man gesehen haben muss
ISBN 978-3-95451-086-3

Dietlind Castor
111 Orte am Bodensee, die man gesehen haben muss
ISBN 978-3-95451-063-4

Daniela Bianca Gierok,
Ralf H. Dorweiler
111 Orte im Schwarzwald, die man gesehen haben muss
ISBN 978-3-89705-950-4

Bernd Imgrund
111 Orte in der Eifel, die man gesehen haben muss
ISBN 978-3-95451-003-0

Herzlichen Dank an Yorck Reep für die Begleitung bei unendlichen Fahrten und wunderbaren Erlebnissen, Gisela Kittelmann für die geduldige Unterstützung und Barbara Kelnhofer für ihre professionelle Hilfe.

Bildnachweis

Alle Fotos von Barbara Krull, außer:
Kap. 1 Gisela Kittelmann; Kap. 2 Michel Kulli; Kap. 3 OT Masevaux; Kap. 5 Silke Stöhr-Fleith; Kap. 6 Barbara Kelnhofer; Kap. 8 Mairie de Climbach; Kap. 10 C. Fleith; Kap. 17 Leonie Reep; Kap. 19 Gisela Kittelmann; Kap. 22 OT PLPP; Kap. 23 OT Guebwiller; Kap. 28 OT Vallée de la Bruche; Kap. 31 Barbara Kelnhofer; Kap. 32 Mayerserde.blogspot; Kap. 35 oben Michel Laurent; Kap. 36 OT PLPP; Kap. 38 C. Fleith; Kap 40 Tourisme Alsace; Kap. 41 Waldkircher Orgelbau Jäger & Brommer, Waldkirch; Kap. 42 Musée Français du Petrol; Kap. 43 Raifalsa-Alelor; Kap. 44 Gisela Kittelmann; Kap. 45 OT Saverne; Kap. 46 Anna-Gaëlle Sengel; Kap. 54 Barbara Kelnhofer; Kap. 56 Michel Gander; Kap. 61 C. Fleith; Kap. 62 OT de Vallée de Saint-Amarin; Kap. 63 OT du Sundgau; Kap. 68 C. Fleith; Kap. 69 Fabienne Fessler; Kap. 72 Plan Incliné de St. Louis/Arzwiller; Kap. 73 OT Saverne; Kap. 102 Tourisme Alsace; Kap. 105 Jardins de la Ferme Bleue; Kap. 106 Ralf Killian; Kap. 108 Musée Oberlin; Kap. 109 Gisela Kittelmann; Kap. 110 Musée Lalique

Die Autorin

Barbara Krull, geboren 1962 in Jugenheim an der hessischen Bergstraße, studierte Volkskunde, Geschichte und Klassische Archäologie. Sie ist Inhaberin der Agentur für außergewöhnliche Gästeführungen »Timewalking« und arbeitet im Dreiländermuseum in Lörrach. Das Elsass fasziniert sie durch seine Vielseitigkeit und immer wieder neuen Überraschungen. Das Entdecken neuer Orte wurde für sie zur Leidenschaft.